Marielle NICCOLAÏ

C000220180

Au Fil
Des Maux

Recueil de poésie

Préface

Il y a des choses dans la vie qu'on espère infiniment, sans trop y croire toutefois. Cette femme raconte toute la sensibilité d'une âme empreinte de solitude. La solitude d'une personne que les autres ne voient pas, ou alors uniquement comme un moyen d'arriver à leurs fins. Elle était restée sur la route des cœurs perdus, croyant sa vie toute faite : je suis condamnée à être seule dans ce monde inhumain. Pour exprimer sa détresse, elle se mit à écrire de la poésie. C'est, à vrai dire, la seule chose qui pouvait être capable de la soulager, lui donner l'impression d'exister. Avec toute sa souffrance intérieure, les mots devinrent naturellement très beaux, et de plus en plus forts à mesure qu'elle prenait de l'assurance avec sa plume. Elle se fit bien des amis grâce à un beau site de poésie, qui n'est plus, hélas, ce qu'il était encore en mars 2006. Mais elle fit mieux que tout cela. Elle se mit à rêver. Et dans ses rêves, elle chantait son désespoir avec ses poèmes en espérant que, quelque part, l'homme qui lui était destiné pourrait l'entendre. Et venir auprès d'elle. L'homme arriva en retard, comme d'habitude...

Mais il arriva. N'est-ce pas là le principal ? Je suis sûr que oui. Là, les derniers textes du recueil arrivent, pour vous donner une idée de la puissance de son bonheur. Même les mots n'arrivent pas à le décrire suffisamment. Le plus beau désir accompli. Le but ultime enfin réalisé : rencontrer l'être qui nous accepte sans rien de plus que nous-mêmes. Un être qui, loin de juger, apprécie les moments de bonheur à leur juste valeur. Tout dans ce recueil est magnifique. L'écriture, tout d'abord, vous donnera envie de lire jusqu'au bout. Jusqu'au bout du poème, certes... mais aussi jusqu'au bout de vous-même. Légère et puissante, elle fait appel à votre cœur, vos sentiments. Et si les pleurs vous viennent, rassurez-vous, c'est que vous êtes un être humain.

Le thème, ensuite, car c'est la solitude de l'être devant le monde. Un monde dont on croit, légitimement, qu'il n'a pas besoin de nous. Mais on peut parfois lui faire signe pour lui dire qu'on est là, à faire ce que la vie nous impose et à faire d'autres choses pour donner un sens à notre existence. La solitude aussi devant les années qui s'enfuient déjà, sans attendre que nous soyons prêts à faire les choses. L'existence est une succession d'occasions. C'est très rare d'être neuf face au monde. Ainsi, les occasions que nous manquons sont légions. La solitude devant l'autre qui a richesse, famille, amis, patrie... Et soi en face, devant la glace, avec rien d'autre qu'un sourire de circonstance, parce qu'il ne faut rien montrer. Le cœur brisé. Cet homme, que tu n'espérais plus, vient de t'écrire ces quelques lignes. Désormais à tes côtés depuis un certain temps. Il te fera vivre de bons moments, même si souvent son sens de l'humour défrise la normalité. C'est pour rigoler ! Et surtout, surtout, mon ange, pour te voir sourire et t'entendre rire.

Enfin, une des choses qui m'a vraiment émerveillé est sa capacité à nous toucher en tant que lecteur. Chaque poème prend avec sa plume la force d'une flèche tirée par un excellent archer. Bien souvent, moi qui ai le cœur dur, je me suis retrouvé ému aux larmes par ce qu'elle avait écrit en vers, et contre tout. Ce recueil n'est certes pas un chef d'œuvre. Mais il peut aisément devenir un classique, car il n'a rien à envier aux plus grands auteurs français tels que Baudelaire, Verlaine ou Rimbaud. Là ce ne sont pas des lieux imaginaires qui sont explorés, mais l'âme humaine. Baudelaire n'a exploré que le vice, et le vice est encore plus séduisant quand il est formulé de manière attirante. C'était un expert ! Verlaine et Rimbaud étaient de fous aventuriers dans leurs jeunesses. Et leurs écrits illustrent bien toute leur impétuosité... Mais avec génie !

Marielle, quant à elle, nous parle de nous-mêmes. De nos espoirs, de nos craintes. Des mots simples, pour dire des choses bien compliquées avec tant de talent. Chacun son domaine d'expertise. Nous ne pouvons parler que des choses que nous connaissons bien. La solitude, la peur et la peine sont des plaies universelles que le monde moderne ravive, en supprimant de l'humanité pour y mettre de l'informatique ou de la mécanique. C'est-à-dire qu'il existe de moins en moins de dialogue entre les personnes. Comment parler de soi sans trop pleurer, crier, gémir ? Sans vomir à la face du monde ? C'est un exercice difficile. Ce recueil est une belle illustration de tout le talent de cette plume hors pair.

A vous tous qui lisez, je vous souhaite de bonnes heures de lecture.

Thierry B.

ชกชกชกชกชก

Table des Matières

Chapitre I : Douleurs et solitude... Les maux de l'âme............................Page 7

Chapitre II : Un amour impossible... Les maux du cœur........................Page 39

Chapitre III : Les méandres de l'inspiration... De maux en mots............Page 71

Chapitre IV : Les lueurs de l'amitié... Les mots dédiés............................Page 99

Chapitre V : Le bonheur absolu... Les mots d'amour............................Page 121

Remerciements...Page 143

ชกชกชกชกชก

❦❦❦❦❦❦❦❦

<u>Chapitre I</u>

Douleurs et solitude

Les maux de l'âme

❦❦❦❦❦❦❦❦

Ces heures blanches

Ces heures blanches où le silence est si pesant,
Il emprisonne mon cœur qui voudrait tant crier
Sa douleur et son vide au monde entier...
Mais aucun mot ne franchit la frontière du néant.

Ces heures blanches où le monde est si sourd...
J'ai l'impression qu'il ne voit pas ce qu'il m'arrive :
Cette lente descente aux enfers, cette âme à la dérive,
L'attente devenue surréaliste de rencontrer l'amour.

Ces heures blanches où ma plume reste la seule alliée
Pour écrire une fois de plus les tourments qui me dévorent
Encore et encore... je voudrais tellement échapper à ce sort...
Mais je reste comme paralysée, sans être capable de bouger...

Ces heures blanches où je repense à ceux que j'ai croisés,
Avec qui j'ai partagé de fugaces instants de bonheur.
Ont-ils toujours une petite place pour moi dans leur cœur ?
Pathétique espoir... ils m'ont certainement déjà oubliée...

Ces heures blanches où je voudrais ne plus rien ressentir,
Ni regrets ou espoirs, ni rêves ou illusions...
Etre seulement un corps, sans mémoire et sans nom,
Et ne plus avoir peur de souffrir, ne plus avoir peur de mourir.

Ces heures blanches où j'aimerais m'envoler vers ce rivage,
Et marcher sur cette plage, libérée de toutes mes peurs...
Alors sereine et heureuse, je serai rayonnante de bonheur,
Tenant la main de celui qui n'a pas encore de visage...

Ces heures blanches où ce rêve me semble si lointain,
Où je sais qu'il ne pourra pas devenir réalité,
Où je sais qu'il y a des joies que je ne connaîtrai jamais,
Où je sais que je marcherai toujours seule sur mon chemin...

Il me faut oublier...

Il me faut oublier ce passé si présent...
Ces effluves d'amour délavés par le temps,
Ces lambeaux de rêves auxquels je m'accroche encore,
Derniers remparts qui me protègent de la mort...

Il me faut oublier cet amour si précieux...
Ces étreintes rêvées qui n'ont jamais eu lieu,
Cette danse frivole suspendue à son corps,
Ce désir infini qui tous les jours me mord.

Il me faut oublier ses mots si douloureux...
Ces morsures secrètes rendant mon cœur creux,
Ces chemins amoureux où je ne peux aller,
Ces îles sous le vent où il fait bon aimer...

Il me faut oublier ces sentiments profonds...
Ces volutes enchantées qui m'éloignaient du fond,
Ce tendre océan où je voulais me noyer,
Cet espoir fou qui guidait toutes mes pensées.

Il me faut oublier ces envies passionnelles...
Ces rubans de satin qui me rendaient plus belle,
Ces pulsions nocturnes qui brûlaient tous mes sens,
Ces nuages nacrés où j'étais renaissance...

Oui... il me faut oublier toutes ces pensées...
Car il n'est pas ce rivage tant espéré...
Il n'est pas celui qui ouvrira mon armure,
Il n'est pas celui qui soignera mes blessures...

Que l'on me pardonne...

Que l'on me pardonne ces amours si secrets,
Ces sentiments que je n'ai pas su dévoiler,
Ces lettres demeurant mortes au creux de ma plume,
Impalpable linceul de mon enfer posthume.

Que l'on me pardonne ces silences maudits,
Ces courts instants où tout aurait pu être dit,
Ces mots restés à jamais enfermés en moi
Hanteront ma mémoire jusqu'à mon trépas.

Que l'on me pardonne ces rêves merveilleux,
Ces folles utopies où l'on vivait à deux,
Ces désirs charnels qui dévoraient tous mes sens
Au cœur de ces nuits où me brûlait son absence.

Que l'on me pardonne tous ces gestes mort-nés,
Ces tendres caresses que je n'ai pas su donner,
Ces mains que je n'ai pas eu l'audace de prendre,
Ces douces lèvres que je n'ai pas pu surprendre.

Que l'on me pardonne ces vers restés muets,
Ces rimes enterrées sur les chemins du passé,
Ces phrases restées figées par trop de tristesse,
Ces lignes imaginaires qui toujours m'oppressent.

Que l'on me pardonne ces erreurs insoumises,
Ces regrets ravageurs dans lesquels je m'enlise,
Ces mots indomptés qui ont pu faire du mal,
Ces regards lancés tels des poignards de cristal.

Que l'on me pardonne tous ces actes manqués,
Car je ne suis qu'une poétesse abandonnée...
Et ma seule compagne est cette solitude,
Eternelle mélodie à tous mes préludes...

Ces chaînes invisibles...

Ces chaînes invisibles que nul ne peut voir
Lacèrent mon corps et étouffent mes espoirs.
Leur métal si puissant m'empêche d'avancer,
Je suis prisonnière de leurs fers si serrés...

Elles sont ancrées jusqu'au plus profond de mes veines
Et m'attachent à jamais au lourd flot de mes peines.
J'ai beau me débattre, il n'y a rien à faire...
Elles me retiennent enfermée au fond de l'enfer.

Elles glacent lentement tous mes gestes et mon sang,
Et je reste assise là, figée dans l'instant,
Je ne maîtrise plus mon corps ni ma raison,
Je demeure enfermée au cœur de ma prison...

Elles m'attirent peu à peu vers ces marécages
Hantés par mes vieilles angoisses qui surnagent.
Et je suis enlisée dans leurs sables mouvants
Qui me paralysent inexorablement...

Ces chaînes invisibles enserrent mon cœur,
Et le privent de ces doux instants de bonheur.
Deviendra-t-il libre grâce aux fleurs de l'amour ?
Encore faudrait-il le rencontrer un jour...

Je vis avec...

Je vis avec ces sentiments que je dois taire,
Ce bel amour mort-né que doucement j'enterre.
Cette flamme qui brûlait en moi s'est éteinte,
Je sais que je ne connaîtrai pas notre étreinte...

Je vis avec ces pensées noires qui m'enchaînent
Et m'entraînent là où tout n'est que peur et haine.
Elles restent là, tapies dans le creux de ma mémoire,
Prêtes à anéantir chacun de mes espoirs...

Je vis avec tous ces vieux souvenirs usés,
Virevoltant au fond de mon cœur épuisé.
Ils hantent sans relâche mes jours et mes nuits
Et je sais que jamais n'arrivera l'oubli.

Je vis avec ce manque ancré au fond de moi,
Il dévore mon corps à chacun de mes pas.
Ce poison mortel coule au tréfonds de mes veines,
Mais je ne le combats plus, ce n'est plus la peine...

Je vis avec ces larmes qui restent enfermées,
Gardiennes du silence où je suis emmurée.
Ces perles de cristal sont ma seule couronne,
Reine de ce désert où seuls mes maux résonnent.

Je vis avec ce vide qui glace mon âme,
Ce froid qui me transperce de sa pâle lame
Ravive à jamais cette éternelle blessure,
Source intarissable de toutes mes ratures...

Je marche…

Je marche le long de ce chemin trop désert,
Recouvert d'utopies aux reflets doux-amers,
Où gisent mes sentiments désormais détruits,
Ces morceaux de moi qui n'ont pas connu la vie.

Je marche le long de cette froide rivière,
Ce flot où s'écoule l'océan de mes peines,
Cet insidieux liquide empoisonnant mes veines,
Intarissable source de ma plume amère.

Je marche le long de ces hauts murs de silence,
Ces pierres glacées où survivent mes errances,
Cette roche noirâtre où dansent les non-dits,
Ces mots restés cachés au fond de mes écrits…

Je marche le long de ce rivage inconnu,
Refuge de tous mes souvenirs douloureux,
Ces instants du passé qui rendent mon cœur creux,
Et hantent ma mémoire de leurs voix têtues.

Je marche le long de ce petit fil léger,
Ce fil fragile qui pourrait un jour casser,
Sans savoir jusqu'où me conduiront ses méandres,
Sans savoir s'il me guidera vers l'amour tendre…

Les larmes du temps

Il est de rares moments où je me sens forte,
Où je me sens capable d'entrouvrir les portes
Pour enfin découvrir ce monde inconnu,
Fait d'amour, de joie et de caresses émues…

Il est de rares moments où l'espoir renaît,
Où soudain cette lumière réapparaît
Fulgurantes étincelles éclairant le noir,
Et me faisant croire à un nouveau départ.

Mais déjà ce beau ciel s'obscurcit de nouveau…
Je vois les démons revenir hanter mes eaux.
Les lourds nuages noirs viennent s'amonceler,
Mon horizon s'assombrit… la pluie va tomber…

Me voilà en plein cœur de ce puissant orage,
Ses larmes de cristal viennent mouiller mes pages….
Leur bel éclat froid et pur me glace le sang,
Figeant ces instants dans l'éternité du temps.

Mon âme épuisée ne sait vraiment plus que faire
Pour retrouver la douceur de l'astre solaire…
Elle erre sans trêve au creux de l'ouragan,
Enfermée à jamais dans les larmes du temps…

Et dansent les ombres...

Et dansent les ombres sur le blanc de ces murs...
Ces vautours si sombres ravivant mes blessures.
Elles tournoient sans cesse au-dessus de ma tête,
Touchant mes faiblesses de leurs ailes parfaites.

Et dansent les ombres sur mon chemin de vie...
Tâches de pénombre noircissant mon esprit.
Leur puissance est telle que je ne puis combattre,
Oui, je suis bien celle qu'elles désirent abattre.

Et dansent les ombres sur ce vide si froid...
Au creux des décombres de mon cœur maladroit,
Elles tissent leur voile vaporeux et glacial,
Chassant les étoiles de mon ciel hivernal.

Et dansent les ombres sur mon encre séchée...
Ces maux qui encombrent mes vers désespérés,
Empoisonnent mon sang, ma plume et ma mémoire,
Maculant mes printemps de leur fluide si noir...

Et dansent les ombres sur ce gouffre béant...
Elles sont en nombre, attendant le pur instant
Où mon âme mourra, épuisée de se battre...
Elles boiront ma voix, mon corps sera d'albâtre...

Mon encre a séché

Mon encre a séché sur ces doux instants de joie,
Ces temps révolus où j'avais encor' la foi,
Ces souvenirs figés au creux de ma mémoire,
Ces touches de couleurs qui peignaient mon histoire.

Mon encre a séché sur ces folles utopies,
Ces rêves insensés me faisant croire en la vie,
Ces désirs lancinants qui animaient mon âme,
Ces poussières d'or qui entretenaient la flamme.

Mon encre a séché sur mes amours irréels,
Ces étreintes rêvées illuminant mon ciel,
Ces caresses attendues qui hantaient mon sommeil,
Ces mots qui auraient fait renaître le soleil.

Mon encre a séché sur tous les maux du passé,
Ces lames tranchantes avides de sang versé,
Ces brûlures qui ont anéanti mon cœur,
Ces ratures éternelles traçant mon malheur.

Mon encre a séché sur tous ces liens dénoués,
Ces amitiés perdues qui n'ont fait que passer,
Ces destins croisés au détour de mon chemin,
Ces instants qui n'ont pas connu de lendemain.

Mon encre a séché sur ce que fût cette vie,
Je ne suis plus qu'une ombre glissant sur vos nuits,
Je ne suis plus qu'un corps vidé de son essence,
Je ne suis plus rien… que le vent m'emporte en silence…

Il ne me reste plus...

Il ne me reste plus qu'à quitter ce beau monde...
Je ne mérite pas ces douces amitiés,
Ces liens tissés au fil des maux et des regrets
Qui me renvoient au flot de mes peurs infécondes...

Il ne me reste plus qu'à écrire ces mots...
Je prendrai ma plume pour la dernière fois,
Pour vous crier ce vide qui glace ma voix,
Avant que mon cœur ne trouve enfin le repos...

Il ne me reste plus qu'à faire mes adieux...
Je me fondrai dans la nuit telle une ombre noire,
Enveloppée de ce linceul libératoire,
Voile vaporeux me guidant jusqu'aux doux cieux...

Il ne me reste plus qu'à demander pardon...
J'implorerai à genoux votre humble clémence,
Vous remerciant de m'avoir donné une chance.
Puissiez-vous un jour pardonner mon abandon...

Il ne me reste plus qu'une seule doléance...
Je vous supplierai de conserver quelque part
Un léger souvenir enfoui dans vos mémoires,
Un petit bout de moi au creux de vos silences...

Pas un jour ne passe...

Pas un jour ne passe sans que je me demande
Comment sortir un jour de cette sombre impasse,
Et briser ce reflet que me renvoie la glace
Pour toucher cet amour qu'en vain mon corps quémande...

Pas un jour ne passe sans ressentir ce vide...
Ce néant pâle et froid remplissant mon cœur mort,
Figeant le moindre espoir qui le rendrait plus fort,
Et ternissant mon teint de plus en plus livide.

Pas un jour ne passe sans laisser la tristesse
Envahir mon esprit sombrant dans la tempête,
Lassé de poursuivre cette inutile quête,
Et se laissant voguer au gré de ses faiblesses.

Pas un jour ne passe sans penser à l'amour...
Ce fantastique Graal qui me ferait renaître,
Qui aurait le pouvoir de faire disparaître
Ces heures où l'absence anéantissait mes jours.

Pas un jour ne passe sans que mon âme folle
Ne s'envole vers celui qui sait mes tourments,
Se plaisant à rêver de nos vœux scintillants,
De nos corps s'épousant en tendres farandoles.

Pas un jour ne passe sans que la vérité
Ne vienne transpercer de sa lame tranchante
Ces lambeaux d'utopie qui me gardaient vivante,
Ces rêves déchus qui auraient pu me sauver...

Tais-toi, ô mon cœur

Tais-toi, ô mon cœur, efface cette douleur,
Et ferme à double tour ton antre endolori.
Fais comme si tu ne connaissais pas la pluie,
Oublie donc à jamais ce manque de douceur.

Tais-toi, ô mon cœur, car je ne veux plus t'entendre !
Tu ne sais pas comment aimer tes compagnons.
Laisse mon esprit n'écouter que sa raison,
Je ne crois plus à tout ce que tu peux prétendre...

Tais-toi, ô mon cœur, laisse donc mon âme en paix,
Je me suis perdue dans tes plus sombres méandres,
A ton jeu dangereux, je me suis laissée prendre,
Croyant naïvement que tu pourrais aimer.

Tais-toi, ô mon cœur, tu ne seras plus mon roi,
Je mets un terme à ces années de servitude,
Mes lourdes peines ne seront plus ton étude,
Je dénoue ces liens qui m'attachaient à ta loi.

Tais-toi, ô mon cœur, tu n'as plus voix au chapitre !
Je suis restée fidèle et rien n'est arrivé,
Je n'ai pas pu trouver mon double, ma moitié.
Dorénavant, seul parlera mon libre-arbitre.

Tais-toi, ô mon cœur, je ne veux que ton silence !
Je romps notre pacte qui n'était qu'illusion,
Car tu es bien ce diable auquel tous nous croyons,
Et je ne veux plus vivre sous ton influence...

Ton absence
A Edouard

Tu m'as attirée la première fois que je t'ai vu,
Avec tes tropéziennes tu avais l'air d'un hurluberlu !
Et puis j'ai découvert tes talents d'ironie,
Ces petits mots d'esprit grâce auxquels j'ai tant ri…

Chaque jour l'envie de te voir se faisait plus grande,
Et j'étais toujours déçue lorsque je ne pouvais t'entendre…
Mais souvent je te croisais au hasard d'un couloir,
Et dès lors dans mon cœur revenaient tous mes espoirs.

Cette valse hésitante ne pouvait pas durer toujours,
Car mon cœur et mon corps en voulaient plus chaque jour.
N'en pouvant plus je me suis enfin décidée
A t'avouer mes sentiments qui jusqu'alors étaient restés secrets…

C'est à ce moment là que mon rêve se brisa :
Lorsque je t'ai entendu me dire que tu ne m'aimais pas.
Tous mes espoirs ont disparu en un instant,
Alors que j'avais osé espérer pendant si longtemps.

J'ai cru naïvement que mes tendres aveux
Renforceraient ce lien qui existait entre nous deux.
Mais ils n'ont fait que dresser un mur de silence
Qui m'enferme chaque jour dans ton absence.

Il ne méritait pas…
A Edouard

Il ne méritait pas ces doux mots dévoilés,
Ces instants suspendus où mon cœur a parlé.
J'avais laissé tomber l'armure à ses genoux,
Et il a traîné mes sentiments dans la boue.

Il ne méritait pas mon amour si sincère,
Mes regards amoureux et ma plume légère.
J'aurais tout fait pour lui, j'aurais tout fait pour nous,
Mais il a condamné mon rêve le plus fou…

Il ne méritait pas mes perles de douleur,
Ces rivières salées qui ont coulé des heures.
Je voulais tellement briser l'indifférence…
Il ne me reste plus que ses sombres silences…

Il ne méritait pas de voir mon âme pure,
Mes envies, mes secrets et mes sourdes fêlures.
J'aurais pu lui donner tellement de bonheur…
Mais il a préféré se draper de froideur.

Il ne méritait pas mes profondes souffrances,
Tous ces jours où mon corps n'était que déchéance.
J'aurais pu lui montrer le chemin de mon cœur…
Il a détourné ses pas vers d'autres ailleurs.

Il ne méritait pas mes rimes douloureuses,
Ces maux qui roulaient le long de ma plume creuse.
J'aurais pu lui offrir mes plus tendres caresses…
Désormais il n'est plus maître de mes faiblesses…

Nos souvenirs perdus

Le temps a bien coulé depuis ce fameux jour
Où tu m'as déclaré que tu voulais partir,
Briser notre amitié et la laisser mourir
Sous le poids du passé et de nos beaux discours…

Ce jour-là j'ai senti la lame dans mon cœur…
Son métal a détruit le lien qui était nôtre,
Ce fil que je croyais à l'abri du malheur
Et de ses sombres faits s'abattant sur nous autres.

Je ne pouvais pas croire en cette fin tragique
Alors que notre histoire avait été si vraie.
Je croyais ne jamais surmonter mes regrets
Face au vide affamé aiguisé par tes piques.

Pourtant j'ai su trouver la force d'avancer,
La voix qui me disait d'enterrer mes espoirs,
Ce souffle silencieux a pu redessiner
La couleur de mes cieux en effaçant le noir.

Grâce à mon bel amour, cette page est tournée…
Je crois au nouveau jour qui inonde ma vie.
J'ai enfin oublié tout ce que j'ai subi,
Ces blessures passées qui hantaient mes pensées.

Je me suis affranchie de tes fers invisibles,
L'amertume ternie ne règne plus en maître.
Nos souvenirs perdus ne sont plus accessibles,
Ils errent dans les nues enclins à disparaître…

Il est temps...

Il est temps de laisser mourir ces souvenirs,
De ne plus retenir ce qui m'a fait souffrir...
Je suis désormais prête à la laisser partir,
Cette amitié perdue qui ne cessait de fuir...

Ce lien qui m'attachait à elle s'est brisé,
Mon âme est libérée de notre lourd passé.
Mon cœur est enfin prêt à ne plus espérer,
Il avance serein vers d'autres destinées.

Il est temps d'oublier ces instants douloureux,
Ces secondes vides où mes yeux malheureux
Pleuraient notre amitié consumée par le feu.
Aujourd'hui ses mots résonnent tellement creux...

Je ne souffre plus de son absence têtue,
D'autres âmes ont su comprendre mon vécu.
Au travers de mes maux, je me suis mise à nue,
Et ce manque d'elle a peu à peu disparu.

Il est temps de déposer ce trop lourd fardeau,
De m'envoler enfin vers de plus belles eaux.
Je me sens assez forte pour sceller le sceau
De la pâle amitié rejoignant le tombeau.

La sérénité a envahi mon esprit,
La peine et la douleur ont quitté mes écrits...
Ce lien aura été important dans ma vie,
Mais nos voix ne seront plus jamais réunies...

J'ai trop pleuré

J'ai trop pleuré pour ceux qui m'ont fait de la peine…
Il a fallu du temps pour que mon cœur comprenne
Qu'ils ne méritaient ni mon amour ni ma haine :
Juste des souvenirs… qui parfois me surprennent…

J'ai trop pleuré pour ceux qui se sont en aller…
Ils ont choisi de briser ces liens d'amitié
Qui auraient pu survivre pour l'éternité.
Mieux vaut les laisser aux mains de leur destinée…

J'ai trop pleuré pour ceux qui ne m'ont pas comprise…
Ils n'ont pas su entendre toutes ces hantises
Qui empêchaient que ma forteresse soit prise.
Ils n'ont trouvé la clef de mon armure grise….

J'ai trop pleuré pour ceux qui ne m'ont pas aimée…
Mon cœur mis à nu avait tant à leur donner !
Mais ils ont préféré ce silence glacé,
Et mon âme est parvenue à les oublier…

J'ai trop pleuré pour ceux qui m'ont tant fait souffrir…
Alors qu'il aurait suffi d'un mot, d'un sourire
Pour pardonner les erreurs et tout reconstruire.
Ils ne sauront pas ce que j'avais à offrir…

J'ai trop pleuré pour ceux qui m'ont déjà bannie…
Bannie à jamais de leurs souvenirs maudits.
Je ne suis plus qu'une ombre embrassant l'infini
S'évaporant au creux de mes larmes ennemies…

Il me faut bien pourtant…
A July…

Il me faut bien pourtant me rendre à l'évidence,
Et faire taire ce cœur qui souffre en silence.
Je plierai chaque jour sous le joug de l'absence,
Ton absence têtue qui sera ma sentence…

Il me faut bien pourtant accepter cet amour,
Cet amour qui embellit ta vie tous les jours.
J'apprendrai à vivre dans l'ombre des contours,
Et ce malgré le manque qui se fera lourd.

Il me faut bien pourtant m'effacer face à lui :
Il dessine tes rêves et colore tes nuits.
Je m'évaporerai dans le souffle du vent,

Sans cesser de penser à ce lien d'amitié,
Ce petit fil de soie qui a su nous lier,
Cette étoile dorée brillant au firmament…

Me pardonneras-tu ?
A July…

Me pardonneras-tu toutes ces heures pâles ?
Nos souvenirs têtus qui mouraient dans un râle…
Ces longs jours d'absence loin de tes doux écrits,
Pleurant en silence cette distance impie.

Me pardonneras-tu ce péché d'allégresse ?
Cet amour impromptu conquérant mes faiblesses…
Dans ses bras amoureux, je me sens si sereine
Que j'en oublie nos aveux, notre amitié si saine.

Me pardonneras-tu ce silence honteux ?
Ces instants absolus où mon cœur amoureux
Restait muet de joie, charmé par ses caresses,
Enivré par l'émoi, il était saoul d'ivresse…

Me pardonneras-tu cette plume muette ?
Cet encrier déchu sans la moindre conquête…
Les mots fuyaient ma voie, ma voix fuyait mes lignes,
Incapable, ma foi, de t'envoyer un signe.

Me pardonneras-tu ma vile trahison ?
Mes lourds pleurs répandus sur une autre toison…
Ces intimes aveux que tu n'as pas connus,
Ces sourires heureux que tu n'as jamais sus…

Me pardonneras-tu ces errances lointaines ?
Ces désirs mis à nu qui m'ont rendue hautaine…
Amie, ma chère amie, me pardonneras-tu ?
Aie pitié de ma vie… sans toi je suis perdue…

Ne reste-t-il plus rien ?
A July

Ne reste-t-il plus rien de ces mots partagés ?
Ces vers si douloureux à l'encre du passé…
Nous les avions mêlés dans ces instants trop noirs
Où la seule lueur venait de nos regards.

Ne reste-t-il plus rien de nos aveux secrets ?
Ces confidences nées au creux de l'amitié…
Les peurs et les regrets qui ternissaient nos âmes
Se faisaient moins tranchants à la lueur des flammes.

Ne reste-t-il plus rien de ces jours si heureux ?
Ces moments de bonheur, ces sourires, ces jeux…
Ces heures à se parler de nos vies embrumées,
Laissant aller nos cœurs sur le fleuve sacré.

Ne reste-t-il plus rien de nos larmes versées ?
Ces perles de cristal dont nos yeux se paraient.
Elles scellaient le sceau de notre belle histoire
Enluminant nos nuits pleines de désespoir.

Ne reste-t-il plus rien des serments d'infini ?
Ces promesses usées d'être à jamais unies.
Ce lien tendre et puissant me semblait invincible…
Pourtant, avec le temps, il devient invisible…

Ne reste-t-il plus rien de toutes ces années ?
Au fil des jours je vois sa rive s'éloigner…
Et mon cœur se remplit d'une douce tristesse,
Teintée des souvenirs de cette poétesse…

Manque
A Jean – Marc...

Aux confins de ces jours qui coulent avec noirceur,
Je repense à nos confessions à cœur ouvert...
Ces maux dévoilés à l'âme de ce grand frère,
Au fil de mes lignes offertes sans pudeur...

Dans le froid de ces heures où résonne l'absence,
Reste gravé en moi ce lien qui nous unit,
Ces mêmes tourmentes qui agitent nos vies,
La pâle solitude qui tue en silence...

Au milieu de ces gens étranges et inconnus,
Je sais qu'il est là pour comprendre mes douleurs,
Il peut lire en moi les souffrances et les peurs,
Tous les rêves figés de mon cœur pourfendu.

Au creux de ces aveux qui me rongent sans cesse,
Cette lueur d'espoir sait réchauffer mes jours,
Elle redonne un sens à ma vie sans amour,
Et j'oublie pour un temps mes fatales faiblesses.

Le long de ce chemin qui jamais n'a de fin,
J'avance plus sereine face à l'avenir...
Penser à lui suffit à éloigner le pire,
Ses mots m'accompagnent vers de beaux lendemains...

Au cœur de ces instants où il me manque tant,
J'ose espérer qu'il n'oublie pas notre amitié
Car ma plume attend le retour de sa moitié,
En déposant ces quelques mots au gré des vents...

Au creux de ton absence
A Alexandre…

Je pensais que j'allais pouvoir guérir de toi,
Mais ton visage hante chacun de mes pas…
Je sais que nous resterons simplement amis,
Et c'est cette amitié qui me manque aujourd'hui.

Ce lien tissé entre nous est particulier,
Je sais que tu es là si je veux me confier…
Tu sais si bien lire les maux que je t'écris,
Tu es devenu mon soleil dans ce ciel gris.

Cette maudite distance qui nous sépare
Me tue à petit feu et mon cœur lourd s'égare…
Tous ces jours passés loin de toi sont si pesants,
Ce manque de toi me vide de tout mon sang.

J'aimerais pouvoir te voir pour combler ce vide,
Redonner des couleurs à mon âme livide,
Vaincre une fois pour toutes mes noirs démons,
Avancer sur le chemin de la guérison.

Mais tu es loin, si loin… ton absence me ronge
Tant que tu es présent jusque dans mes doux songes…
Et je ne fais qu'imaginer ce qu'est ta vie,
Tes gestes, tes mots, tes amis et tes envies…

Mes pensées volent souvent vers toi dans la nuit
Elles cherchent le doux son de ta voix attendrie,
Mais elles se heurtent à ces froids murs de silence
Qui enferment mon cœur au creux de ton absence…

Laissez-moi ici

Laissez-moi ici, fuyez ce temple maudit !
Laissez-moi seule face à mon cruel destin…
Partez ! Partez ! Je sens venir ma douce fin.
Ne jetez pas un dernier regard sur ma vie.

Laissez-moi ici, courrez vers les champs de blé,
Là où tout n'est que douceur et sérénité…
Loin de mon enfer, vous pourrez tous être heureux,
Vous oublierez ce dédale marécageux.

Laissez-moi ici, marchez sans vous retourner !
Ma mort ne changera pas la face du monde,
Je n'aurais été qu'une ombre parmi les hommes…
Il est inutile que sur moi vous pleuriez.

Laissez-moi ici, rejoignez votre chemin,
Vivez pleinement sans penser aux lendemains.
Et ne soyez pas tristes de m'avoir laissée :
Je me sens désormais heureuse et libérée…

Laissez-moi ici, retrouvez ceux qui vous aiment,
Rendez-vous compte du bonheur que vous vivez !
Vous connaissez l'amour et ses charmes secrets,
Alors que nul n'a jamais touché mon front blême…

Laissez-moi ici, quittez ces limbes glacés,
L'espoir s'est éteint en moi, je vais m'en aller…
Et si j'avais juste une prière à vous soumettre :
Gardez au fond de vous une part de mon être…

Tuez-moi...

Tuez-moi... mettez fin à ma lente agonie...
Coupez le fil qui me relie à cette vie,
Ce flot continu de tristesse et de douleurs,
Cet océan de vide où surnage mon cœur.

Tuez-moi... délivrez-moi de cette prison...
Brisez ce carcan qui m'entraîne vers le fond.
Je ne peux plus lutter contre toutes ces chaînes,
J'attends mon ange noir pour qu'enfin il m'emmène...

Tuez-moi... libérez-moi de ce poids si lourd...
Faites-moi oublier que je ne sais l'amour,
Là où elle ira, mon âme sera heureuse,
Elle aura enfin une destinée soyeuse.

Tuez-moi... sauvez mon corps de la déchéance...
Donnez-lui s'il vous plaît une dernière chance
De voir disparaître ces désirs qui lui mentent,
Ces caresses rêvées qui sans cesse le hantent.

Tuez-moi... donnez-moi ce limpide calice...
Ce fluide béni mettra fin à mon supplice.
Je pourrai sentir la mort couler dans mes veines,
Je pourrai quitter ce monde et mes lourdes peines.

L'ange noir

Toi l'ange noir venu des flammes de l'enfer,
Viens prendre mon âme qui s'offre en sacrifice.
Toi seul pourra mettre fin à son lourd supplice,
Et faire pâlir à jamais ce goût de fer.

Fais-moi oublier les blessures de l'amour,
Rends mon cœur trop fragile aussi froid que la pierre,
Nourris-toi de cette souffrance qui l'enterre,
Et vide-le de son essence pour toujours.

Montre-moi l'autre côté de ce beau miroir,
Là où les sentiments humains n'existent plus,
Là où les âmes errent sans espoir de salut,
Là où je pourrai enfin vivre sans mémoire.

Guide-moi au cœur de ces pâles et doux limbes,
Aide-moi à atteindre cet autre rivage,
Traverse avec moi ce fleuve rempli d'images
Effrayantes et découvrons ensemble ma tombe.

Dis-moi quoi faire pour gagner mes ailes noires,
Je serai alors ton fidèle serviteur.
Je n'éprouverai plus ni tristesse ni peur,
Mes forces seront au service de ta gloire.

Toi l'ange noir tu es venu me délivrer
De ce monde de heurts et de maléfices.
Tu m'as fait goûter à ce sombre et froid calice,
Mon bel ange noir, laisse-moi t'en remercier...

Amie, de grâce...

Amie, de grâce, entendez ma prière !
Vous seule avez la clef de mon enfer...
Délivrez-moi de ce lourd maléfice,
Que j'offre enfin mon âme en sacrifice.

Je vous laisserai l'or que je possède,
Si vous m'apportez ce divin remède.
Ne voyez-vous pas tout ce que j'endure ?
Chaque jour n'est qu'une amère torture.

Amie, de grâce, frappez à ma porte !
Je n'attends que vous et votre cohorte.
Et chaque soir je prie votre venue,
Mais l'aube me souffle votre refus...

Pourquoi ne voulez-vous point m'emporter ?
Mon cœur n'est-il pas assez fatigué ?
Il a pourtant déjà bien trop souffert,
Il n'a rien connu d'autre que l'hiver.

Amie, de grâce, montrez-moi la voie !
Ce chemin où mon corps s'envolera
Pour goûter aux étoiles scintillantes,
Nager dans leurs effluves envoûtants.

Laissez-moi prendre votre blanche main
Pour quitter cette vie et ses chagrins.
Guidez-moi jusqu'au royaume des anges,
Là où ma voix chantera vos louanges...

Amie, de grâce...

L'amie mélancolie

L'amie mélancolie vint frapper à ma porte,
Avec ses souvenirs et toute sa cohorte
De ces vieux sentiments délavés par le temps,
Perdus dans les tiroirs des armoires d'antan...

Dès lors le passé vint submerger mon âme,
Ravivant sans douleur les coups de cette lame,
Autrefois si féroce avec mon cœur meurtri,
Que je crus maintes fois en la mort ennemie.

Je revois tous les fils qui ont croisé le mien,
Ces destins si proches désormais si lointains.
Ne reste que la trace enfouie de leurs passages,
Sillonnant ma mémoire au gré des noirs orages...

Je relis ces mots doux que l'écrivais alors,
Ces maux à cœur ouvert étaient mes seuls trésors.
Ils s'envolaient du creux de ma plume endeuillée
Vers les âmes bien nées qui toujours les lisaient...

J'entends encor' la voix de mes tristes chimères,
Evaporées grâce à mon plus beau courant d'air...
Elles flottent là-bas, dans les limbes obscurs,
Vidées de leur substance évanouie sans injures.

Je ressens de nouveau les affres de l'absence,
Et ce vide abyssal qui guidait mes errances...
Mais je suis désormais libérée de ses draps,
Où mon corps décharné s'abandonnait parfois.

L'amie mélancolie est venue me trouver
Pour que ce lourd passé ne soit pas oublié...
Ses effluves nacrés ont habillé ce jour,
Et j'attends sans torpeur l'instant de son retour...

Trop tard...

Le soleil inonde ce dimanche d'hiver,
Tous les flocons fondent sous sa douce lumière.
Malgré cette chaleur, le froid règne en mon âme,
Atteinte par les heurts infligés par les flammes...

Ces flammes échappées de l'enfer souterrain,
Reviennent se venger de mes jours si sereins.
Elles glacent mon sang, redessinant mes ombres,
Ces compagnes d'antan vivant dans les décombres.

Je me croyais si loin de ces moments de doute,
Quand l'amie, de sa main, annonça ma déroute...
Ce lien était si fort, que s'est-il donc passé ?
J'y pense et pense encor', mes vers restent muets...

Ce petit fil de soie s'effiloche déjà,
Il s'éloigne de toi à chacun de mes pas.
Et ton ressentiment se fige en mes silences,
Où les larmes du temps improvisent leur danse.

Mes mots sont impuissants face à ta lassitude,
Tes cieux sont incléments de par mon attitude...
Les erreurs du passé viennent la réclamer,
Cette amitié dorée aux accents enchantés.

Et malgré mes efforts, la lutte est inutile,
J'ai terni ce bel or d'une façon trop vile...
Je crois qu'il est trop tard, tu m'as déjà bannie
De ce souffle d'espoir qui irisait ma vie...

Laisse-moi entrevoir

Laisse-moi entrevoir tes pensées enfermées
Sous le masque d'ivoire ancré dans tes veillées.
Elles sont présentes au creux de ta belle âme,
Enterrées vivantes sous le fer de tes drames.

Laisse-moi entrevoir tes blessures ouvertes,
Ces jours de désespoir où les hommes désertent,
Ces instants de tristesse enrubannés de pleurs,
Perles de déesses cristallisant les heurts.

Laisse-moi entrevoir tes larmes intérieures,
Ce fleuve doux et noir engloutissant tes heures.
Elles restent cachées tout au fond de ton être,
Sous ce grand voile épais où tout doit disparaître...

Laisse-moi entrevoir tes sentiments de peur,
Ces moments sans espoir qui nous rongent le cœur...
Je serai là pour toi, j'écouterai tes maux,
Mon épaule sera leur tout dernier écho.

Laisse-moi entrevoir ce qui te fait souffrir,
Fais confiance au pouvoir de notre bel empire,
Cette forte amitié unissant nos chemins
Est ta plus sûre alliée... alors, prends-lui la main !

Les jours glissent le long de ma plume endeuillée

Les jours glissent le long de ma plume endeuillée,
Perdue dans les brouillons des poèmes mort-nés.
Elle s'épuise à guetter le souffle de sa muse,
Ce fin voile doré où les quatrains s'amusent...

L'amour l'a enfermée dans ce bonheur parfait,
Où le noir son allié n'est qu'un lointain reflet.
Cette douce prison condamne tous ses vers
A mourir pour de bon sous le joug de l'enfer.

Enchaînée à ses joies, elle ne sait plus rimer,
Tous les maux d'autrefois se sont évaporés...
Rongée par ses chaînes, les forces l'abandonnent,
Sa quête reste vaine et ses rêves frissonnent.

Transpercée de lumière émerveillant mes heures,
Elle gît prisonnière de ma vie sans noirceur.
Et malgré ses efforts pour retrouver la voie,
Ce vide qui la mord éteint encor' sa foi...

Les jours glissent le long de ma plume endeuillée,
Perdue dans les brouillons des poèmes mort-nés.
Elle s'épuise à guetter le souffle de sa muse,
Ce fin voile doré où les quatrains s'amusent...

Quand l'envie s'effiloche…

Quand l'envie s'effiloche au détour d'un matin,
La main anéantie trace notre destin.
Ce long fil sinueux où se perdent les mots,
Inexorablement emportés par les eaux…

Les eaux toujours salées des larmes oubliées,
Douces perles déchues du paradis doré…
Elles lavent mes espoirs naïfs et entêtés
Dans ce torrent maudit où l'âme est aux aguets.

Acre désillusion quand au creux d'un virage,
Les petits anges noirs vous laissent le message…
Il ne sera plus là, celui qui comptait tant,
Cet ami fidèle croisé il y a longtemps.

Le lien invincible se distend de nouveau,
Impuissante je suis face à ce noir tableau…
Et les corbeaux se rient de la chute des vers
Déversés par ma plume endeuillant la rivière…

La rivière nacrée des souvenirs heureux,
Qui viendra inonder mes textes les plus vieux…
Les rimes lutteront jusqu'à leur dernier souffle,
Pour que jamais nos deux mémoires ne s'essoufflent.

Quand l'envie s'effiloche au détour d'un matin,
La main anéantie trace notre destin.

❧❧❧❧❧❧❧❧

<u>Chapitre II</u>

Un amour impossible

Les maux du cœur

❧❧❧❧❧❧❧❧

Est-ce de l'amour ?

C'est sur la toile que nous nous sommes rencontrés,
Au hasard d'un site dédié à notre chanteur préféré.
Nous avons commencé à nous écrire régulièrement,
Et au fil des mots tu es devenu mon confident.

Je ne sais pourquoi je me sens si à l'aise avec toi…
Je t'écris tous mes maux et tu es toujours là.
J'attends toujours avec impatience de lire tes messages
Qui me réconfortent et m'aident à tourner la page.

Moi qui suis tellement secrète, je t'ai tout dévoilé…
Enfin… tout ou presque… si tu pouvais lire dans mes pensées…
Je voudrais que tu saches tout de moi et de ma vie,
Je voudrais te dévoiler toutes mes peurs et mes envies.

J'ai eu la chance de te rencontrer « pour de vrai »,
Mais ce moment a été de trop courte durée.
J'ai vraiment apprécié notre conversation
Qui m'a permis de connaître davantage tes passions.

Hélas il a fallu se quitter, j'avais un train à prendre.
Pendant tout le voyage, un sentiment diffus que je voulais comprendre…
Une sensation d'inachevé, une grande envie de te revoir
De te parler, de te faire plaisir, de te raconter toute mon histoire.

… / …

Je pensais que cet état ne serait que passager,
Mais le temps a passé et rien n'a changé…
Mon cœur bat la chamade quand j'ose composer ton numéro
Pour te parler de vive voix et te confier tous mes maux.

Je pense souvent à toi, me demandant si tu vas bien.
Et je regrette alors que tu vives tellement loin…
Si bien que mon cœur s'interroge un peu plus chaque jour :
Quel est ce sentiment diffus ? Est-ce de l'amour ?

Parfois tes mots me laissent à penser qu'il pourrait
Y avoir plus que de l'amitié entre nos deux cœurs si secrets…
Mais je n'ose pas t'en parler par peur de tout détruire
Car je ne sais vraiment pas ce que je t'inspire…

Alors je préfère me taire et apprécier notre relation
Qui me fait tant de bien et m'aide à tenir bon.
Mais mon cœur s'interroge encore et toujours
Quel est ce sentiment diffus ? Est-ce de l'amour ?

J'imagine

J'imagine que nous marchons tous les deux,
Main dans la main, nos regards amoureux.
Un premier baiser volé, un peu maladroit,
Qui plonge aussitôt mon cœur dans l'émoi.

J'imagine nos lèvres qui s'effleurent encore,
Tes yeux langoureux qui me jettent un sort.
Mes bras autour de ton cou qui t'enlacent,
Ma main qui te caresse avec une tendre audace.

J'imagine ta belle voix qui apaise mes peurs
Et qui me murmure les doux mots du bonheur.
Tes mains posées sur moi qui me font frissonner,
Ta peau contre la mienne attisant notre brasier.

J'imagine ces mots que tu sais si bien écrire,
Ces mots que tu n'auras pas besoin de dire.
Notre tendre complicité et notre sincérité
Seront les moteurs de notre destinée.

J'imagine tous ces instants que l'on pourrait vivre,
Mais mon cœur si secret n'ose pas te le dire...
Alors mon pauvre esprit se plaît à imaginer
Ce que serait l'avenir de nos vies entremêlées...

Le jour viendra peut-être

J'ai enfin trouvé le courage de te téléphoner…
J'avais trop envie d'entendre ta voix !
Alors le cœur battant ton numéro j'ai composé,
Et je n'ai à aucun moment regretté mon choix !

Nous avons discuté pendant presqu'une heure,
De tout et de rien, de toi, de moi, de musique.
Et ce fût un véritable moment de bonheur,
Instants de rires et de complicité authentique.

Je m'en veux de ne pas l'avoir fait plus tôt !
Encore la faute à cette satanée timidité…
Ta voix est peut-être la solution de tous mes maux,
Celle qui m'aide à avancer et à toujours espérer.

Mais elle ne me suffit plus, mon cœur en veut davantage…
J'ai envie de te voir, de te toucher, de t'enlacer…
De te faire découvrir mes plus beaux rivages,
De passer du temps avec toi pour apprendre à t'aimer.

Mais tu ne sais même pas ce que je ressens pour toi.
Tu es si loin de moi, ta vie reste parallèle à la mienne…
Le jour viendra peut-être où je te dirai ce que j'ai au fond de moi…
Le jour viendra peut-être où je blottirai mes mains dans les tiennes…

Le brasier

J'entends les gouttes d'eau martelant le sol,
Et ce ciel si sombre chargé d'humidité.
Je vois au loin les oiseaux prenant leur envol,
Tandis que le tonnerre gronde avec férocité.

La Nature se déchaîne, tout n'est que confusion.
Mais je reste indifférente face à ces images,
Car je sens naître dans mon cœur la passion
Qui m'emporte vers de paisibles rivages.

Le ciel est toujours aussi gris mais mes yeux s'illuminent
Quand je pense à lui et à ce tendre lien qui nous lie,
Quand je pense à ses mains qui pourraient être si câlines,
Je ressens alors cette envie de devenir plus qu'une amie.

La pluie tombe encore et toujours sur la terre,
Mais je sens le soleil qui réchauffe mon cœur,
Et je souris en pensant à notre relation si sincère,
Remplie de confidences, d'échanges et de chaleur.

Le tonnerre gronde de plus belle au dehors,
Mais mes peurs et mes faiblesses ont disparu.
Je me sens plus forte grâce à sa plume d'or,
Grâce à tous ses mots si gentils qui m'ont émue.

La Nature se calme enfin, tout redevient silence…
Alors que dans mon cœur se rallume ce brasier
Qui me laisse espérer que j'aurai un jour la chance
De découvrir avec lui ce qu'est l'amour vrai…

Lire dans ses pensées

Si seulement je pouvais lire dans ses pensées…
Savoir ce qu'il ressent vraiment pour moi :
Des sentiments d'amour ou de simple amitié ?
Juste de l'affection ou un peu plus que ça ?

Si seulement je pouvais lire dans ses pensées…
Connaître ses aspirations les plus secrètes,
Tous ses rêves et ses désirs inavoués,
Tous ces mots que lui dicte son cœur poète.

Si seulement je pouvais lire dans ses pensées…
Savoir si je ne suis pour lui qu'une amie,
Quelle est ma place dans sa vie de parolier,
S'il pense parfois à moi comme je pense à lui…

Si seulement je pouvais lire dans ses pensées…
Connaître ses véritables sentiments
Qu'il n'ose dévoiler tant son cœur est secret,
Il sait écrire les mots mais ne les prononce pas souvent…

Si seulement je pouvais lire dans ses pensées…
Savoir une fois pour toutes à quoi m'en tenir :
Rester son amie ou devenir sa bien-aimée ?
Mon cœur cesserait ainsi de me mentir…

Si seulement je pouvais lire dans ses pensées…
Je ne m'inventerais plus d'histoires,
Et saurais enfin comment l'aimer…
L'aimer comme un frère ou comme celui qui éclairera mes soirs…

Sais-tu ?

Sais-tu que je pense souvent à toi ?
Je m'imagine au creux de tes bras,
Ecoutant ces mots que l'on murmure tout bas,
Me laissant guider par le son de ta douce voix...

Sais-tu que j'aimerais être plus qu'une amie ?
Je voudrais être la seule à qui tu souris,
La seule que tu appellerais ma chérie,
La seule à partager toutes tes nuits.

Sais-tu que je voudrais vivre près de toi ?
Abolir cette distance qui me sépare de tes pas,
Pour te faire découvrir mes rivages varois
Et ainsi partager de doux instants de joie.

Sais-tu que j'aimerais un jour tout t'avouer ?
Trouver le courage de te dévoiler mes pensées,
Même si mes sentiments ne sont pas partagés,
Avoir simplement la force de te confier ce secret.

Sais-tu que je voudrais te faire lire ces mots ?
Les offrir à ton cœur, t'en faire cadeau.
Mais je n'ose pas... je sais, c'est idiot...
Ils resteront enfouis là, bien au chaud.

Sais-tu que je suis heureuse de t'avoir rencontré ?
Sans toi je ne sais à quoi ma vie ressemblerait...
Et même s'il ne peut y avoir entre nous que de l'amitié,
Tu auras toujours dans mon cœur une place privilégiée...

Paris, gare de Lyon...

Paris, gare de Lyon, milieu de la journée.
Je regarde tous ces gens en train de se croiser.
Toutes ces vies isolées qui tracent leur chemin,
Et croisent des regards qu'elles oublieront demain.

Paris, gare de Lyon, milieu de la journée.
Je sens le froid humide qui vient me glacer.
Le soleil n'a pas daigné faire une apparition,
Ce ciel sombre et glacial me donne des frissons.

Paris, gare de Lyon, milieu de la journée.
Je repense à cette après-midi trop vite passée,
Ces quelques heures volées où j'ai pu le revoir,
Et visiter avec lui un lieu chargé d'histoire.

Paris, gare de Lyon, milieu de la journée.
J'attends ce train qui va une fois encore m'éloigner
De lui et de ses mots qui pourraient être les miens,
Ses mots que j'écoute et que je comprends si bien.

Paris, gare de Lyon, milieu de la journée.
Je vois les minutes lentement s'écouler
Jusqu'à cette heure maudite où il faudra partir,
Quitter Paris sans savoir si je pourrai y revenir...

Paris, gare de Lyon, milieu de la journée.
Je revis encore une fois ces instants colorés,
En me reprochant de ne pas avoir eu le courage
De tout lui avouer, d'avoir été trop sage.

Paris, gare de Lyon, milieu de la journée.
Déjà 14 heures... il est vraiment temps d'y aller.
Sensation étrange... pas envie de partir,
Ces mots restés enfermés essaient de me retenir.

Paris, gare de Lyon, milieu de la journée.
Je monte finalement dans ce triste TGV...
Et au fil des kilomètres qui me séparent de lui,
Je continue d'espérer qu'un jour nous serons plus que des amis...

Paris, un dimanche après-midi

Paris, un dimanche après-midi… je viens d'arriver.
Je me hâte de prendre les clefs de ma chambre d'hôtel.
Je pose mes affaires en vitesse, je suis pressée,
Même pas le temps de voir la couleur du ciel.

Paris, un dimanche après-midi… il est temps d'y aller !
Il vient de m'appeler pour me dire qu'il était là dans la rue…
Le cœur battant je ferme la porte et je m'en vais
Descendre les escaliers pour rejoindre mon bel inconnu.

Paris, un dimanche après-midi… seconde rencontre !
Je suis tellement heureuse d'avoir la chance de le revoir !
J'aimerais pouvoir arrêter les aiguilles de ma montre,
Pour ne jamais voir arriver le soir et l'heure du départ.

Paris, un dimanche après-midi… instants si doux…
Il fait très froid dehors mais mon cœur brûle de désir…
Le revoir fait ressurgir en moi des envies taboues,
J'aimerais le serrer contre moi… lui appartenir…

Paris, un dimanche après-midi… je rêve tout éveillée !
Il ne sait pas ce que je ressens réellement pour lui…
Nous nous promenons près de la Tour Eiffel, à ses pieds.
Nous sommes juste deux amis qui se promenant à Paris.

Paris, un dimanche après-midi… tous ces mots échangés…
Sans que j'ai trouvé le courage de lui dire les plus importants :
Ceux qui viennent du cœur et que j'aimerais lui dévoiler,
Ceux qui restent enfermés dans mes poèmes depuis longtemps.

Paris, un dimanche après-midi… le soir est tombé…
Il est déjà temps de se séparer… je n'arrive pas à y croire !
Ces quelques heures tant attendues sont terminées,
Mais elles resteront gravées à jamais dans ma mémoire…

Paris, un dimanche après-midi… il est rentré chez lui…
Je reste seule dans cette chambre en repensant à ces instants
Si agréables que j'ai eu la chance de vivre en sa compagnie,
En me disant qu'il serait temps de lui avouer mes sentiments…

Si je te disais

Si je te disais que je pense à toi tous les jours,
Que j'aimerais que tu deviennes mon amour,
Que je m'imagine blottie au creux de tes bras,
Que je voudrais pouvoir être toujours avec toi.

Si je te disais que tu es celui que j'attendais,
Que tu es tel que je l'avais toujours espéré,
Que j'ai la sensation que nos âmes sont jumelles,
Que mon plus grand souhait serait qu'elles s'entremêlent.

Si je te disais que tu enflammes mes pensées,
Que mes mains voudraient pouvoir te caresser,
Que mes lèvres brûlent de découvrir les tiennes,
Que seul ton corps me délivra de ces chaînes.

Si je te disais simplement tout ce que je ressens,
Comment réagirais-tu face à mes sentiments ?
Mes aveux seraient-ils capables de nous unir,
Ou sonneraient-ils le glas de notre avenir ?

Si je te disais…

Je ne vous dirai pas...

Je ne vous dirai pas que je pense à lui souvent,
Que j'imagine parfois ses mains me caressant
Au creux d'une étreinte à la fois tendre et sauvage,
Qui m'emporte vers l'océan du plaisir et ses rivages.

Je ne vous dirai pas que mon cœur aime à croire
Qu'un jour prochain je pourrai vivre cette histoire,
Ecrire avec lui mes poèmes les plus tendres,
Entremêler nos vies et nos vers à s'y méprendre.

Je ne vous dirai pas que j'aimerais être son avenir,
Me laisser seulement guider par mes envies et désirs,
Entrouvrir cette forteresse où mon cœur est enfermé,
Le laisser voir au fond de moi pour me sentir délivrée.

Je ne vous dirai pas que je voudrais connaître ses pensées,
Savoir si lui aussi éprouve quelque sentiment caché,
Savoir si j'ai raison de croire en un hypothétique 'nous',
Savoir si j'ai raison de caresser cet espoir peut-être fou.

Je ne vous dirai pas que tout cela n'est qu'utopie.
Car j'ai beau rêver, je suis toujours seule dans la nuit.
Et je regarde les pâles étoiles froides et lointaines,
En espérant que toutes mes prières n'auront pas été vaines...

Je ne vous dirai pas... mais encore et toujours je l'écrirai...

Quand je ferme les yeux

Quand je ferme les yeux... je vois son visage,
Ses mains, son sourire, sa bouche, ses rivages.
Nous sommes tous les deux, tendrement enlacés,
Nos deux corps s'enflammant dans ce brasier.

Quand je ferme les yeux... je sens son regard :
Il est tendre et amoureux, rempli d'espoir.
Nos lèvres ne cessent alors de se chercher,
Nos mains fiévreuses ne pensent qu'à caresser.

Quand je ferme les yeux... je vois un avenir :
Lui et moi ensemble pour une vie à construire.
Ses bras sont ma seule et unique demeure,
Ils me protègent de toutes mes lourdes peurs.

Quand je ferme les yeux... je sens son corps,
Il est tout près de moi et m'attire si fort
Que je le laisse entrer dans mon antre secrète
Jusqu'alors restée close... mais elle est enfin prête.

Quand je ferme les yeux... je vois son âme
Qui a fait naître en moi cette puissante flamme.
Nos cœurs en s'unissant deviendront si forts
Que rien ne les séparera, pas même la mort.

Quand je ferme les yeux... je sens son absence,
Cette distance entre nous brûle tous mes sens.
Il ne sait même pas que je voudrais être sa moitié,
Alors mon cœur se résigne à rêver... les yeux fermés...

Viens avec moi…

Viens avec moi, prends-moi la main…
Envole-toi avec moi vers de nouveaux rivages,
Où je te ferai découvrir les doux paysages
Qui seront le théâtre de notre amour sans fin.

Viens avec moi, prends-moi la main…
Oublions enfin tout ce qui pourrait nous séparer,
Laissons aller nos cœurs qui ne demandent qu'à aimer !
Ecrivons notre histoire sans penser aux lendemains…

Viens avec moi, prends-moi la main…
Abandonnons ce monde qui court à sa perte,
Profitons des douces nuits qui nous sont offertes
Pour nous réfugier à l'abri de nos deux corps étreints.

Viens avec moi, prends-moi la main…
Laisse-moi lire au plus profond de ton âme,
Elle me donnera la force de devenir une vraie femme,
Lovée au creux de tes bras qui seront mon seul destin.

Viens avec moi, prends-moi la main…
Je te dévoilerai mon être et ses nombreux méandres,
Je t'écrirai à l'encre de mon cœur les mots les plus tendres,
Nous avancerons ensemble sur ce si beau chemin.

Viens avec moi, prends-moi la main…
Imagine combien notre vie pourrait être belle,
Si tu étais celui et si j'étais celle…
Viens avec moi, prends-moi la main…

Je reste là...

Je reste là... seule face à mes doutes...
Sans trouver le courage de choisir une route...
Dois-je enfin lui avouer mes sentiments,
Et lui écrire tout ce que je ressens ?

Je reste là... seule face à mes peurs...
Elles sont si fortement ancrées dans mon cœur...
Je ne veux plus le voir encore souffrir,
Et contempler mes espoirs un à un dépérir.

Je reste là... seule face à mes rêves...
Ces rêves magiques où cette solitude s'achève,
Où j'ai eu l'audace de me dévoiler entièrement
Pour vivre un amour fort et émouvant.

Je reste là... seule face à mes faiblesses...
Elles m'enferment à jamais dans cette forteresse,
Où je ne suis que spectatrice du monde alentour,
Cachée bien à l'abri en haut de ma tour.

Je reste là... seule face à mes incertitudes...
Est-il celui qui m'ouvrira les portes de la béatitude ?
Quel est ce lien étrange qui m'unit à lui ?
Amour... amitié... ou n'est-ce que pure utopie ?

Je reste là... seule face à ma solitude...
Cette ennemie intime qui fait pâlir mes certitudes,
Car même s'il occupe chaque jour mes pensées,
Je suis bel et bien seule face au vide et son immensité...

Je ne peux m'empêcher…

Je ne peux m'empêcher d'y croire,
Même si ce nous n'est qu'illusoire.
Je me raccroche toujours à cet espoir,
De voir nos deux silhouettes dans le miroir.

Je ne peux m'empêcher de penser
Que c'était mon destin de le rencontrer.
J'aime à croire qu'il est celui que j'attendais,
Celui qui brisera les murs de ma citadelle isolée.

Je ne peux m'empêcher de rêver
A ce que seraient nos instants d'intimité.
Ancrée au creux de ses bras tant désirés,
Je me sentirais enfin sereine et protégée.

Je ne peux m'empêcher de sourire
Quand je pense à lui entre deux soupirs.
Il est devenu l'objet de mes désirs,
Cette étoile qui m'aide à ne plus souffrir.

Je ne peux m'empêcher de ressentir
Ces sentiments que la distance fait pâlir.
Je voudrais tant pouvoir un jour lui dire
Ces mots enfouis que je ne sais qu'écrire.

Mais je ne peux m'empêcher d'avoir peur
De lui dévoiler le plus profond de mon cœur.
Même si je sais que c'est certainement une erreur,
Je reste paralysée par cette trop puissante torpeur.

Je ne peux m'empêcher…

J'ai écrit ces mots…

J'ai écrit ces mots qui restaient enfermés depuis si longtemps…
Ces mots que je ne parvenais vraiment pas à lui dire de vive voix,
Ces mots que j'ai prononcés dans ma tête des milliers de fois,
Ils sont désormais couchés sur le papier, écrits noir sur blanc.

J'ai écrit ces mots que j'avais si peur de lui faire lire un jour…
Ces mots qui avouent avec sincérité mes sentiments pour lui,
Ces mots qui pourraient faire de son corps l'astre de mes nuits,
Ils sont désormais confiés au gré du vent, mon ami de toujours.

J'ai écrit ces mots qui mettent à nu le plus profond de mon cœur…
Ces mots qui laissent à terre ce masque trop longtemps porté,
Ces mots que je ne n'aurais jamais cru pouvoir lui confier,
Ils sont désormais dévoilés au fil de mes lignes douceur.

J'ai écrit ces mots que je ne pouvais plus garder pour moi…
Ces mots qui oppressaient chaque minute mon esprit tourmenté,
Ces mots qui étouffaient mon âme dans un voile si épais,
Ils sont désormais écrits à l'encre rouge de mes sens en émoi.

J'ai écrit ces mots qui scelleront peut-être le début de notre histoire…
Ces mots qui je l'espère sauront charmer son âme et son corps,
Ces mots qui lui donneront envie de m'aimer encore et encore,
Ils sont désormais gravés au plus profond de ma mémoire…

J'avais écrit ces mots

J'avais écrit ces mots pour lui, j'avais mis mon cœur à genoux devant lui en espérant pouvoir vivre avec lui mes plus belles nuits. Mais ce matin sonne le glas de ce rêve absurde... cette lettre arrivée aujourd'hui tombe comme un couperet en brisant mes ailes et mon cœur. Il ne me reste que ma plume, toujours fidèle et présente qui saura soulager ma peine en ce matin de Mai. Mai... le temps des amours et du Printemps, le temps d'un monde heureux de renaître à la vie... mais en ce temps de renaissance, je meurs encore une fois, cette lame impitoyable a brisé tous mes espoirs, il n'y a plus de lueur dans ma cave si sombre.

Ces mots qu'il m'a écrits sur ces simples feuilles de papier dansent devant mes yeux, sans que je puisse les chasser. Les mains tremblantes, mes yeux ont lu ce qu'ils ne voulaient voir... je ne suis pas celle et il n'est pas celui. Je reste assise là, à côté de ces pages, en cet instant de flottement presque surréel... je lui ai enfin avoué mes sentiments pour apprendre qu'ils ne sont pas partagés. Au fond de moi, je le savais mais je refusais de me rendre à l'évidence.... Ces mots, écrits noir sur blanc, je les redoutais et maintenant qu'ils sont là, il me faut bien les accepter...

Je reste toujours assise là, à pleurer sur le tombeau de cet amour mort-né, sans pouvoir bouger, sans pouvoir me lever, sans pouvoir y croire... mais je suis pourtant bien dans la réalité, ma triste réalité : je suis née pour être seule à jamais... j'avais pourtant encore une fois trouvé le courage d'avouer ce que je ressentais mais, une fois de plus, je suis blessée et rejetée... pourquoi le sort s'acharne-t-il ainsi ? quelle a été l'erreur qui m'a bannie du paradis ?? Suis-je incapable de faire naître en l'autre des sentiments d'amour ?? Il faut se rendre à l'évidence, je serai seule pour toujours...

Il me dit que l'on restera amis et que tout sera comme avant mais je ne sais pas si j'aurai la force de le croire... cette flamme qui me réchauffait est morte à jamais et j'erre en silence dans un désert glacé... il me dit que mes aveux consolideront notre amitié... est-ce vraiment comme ça que les choses vont se passer ?? Il me dit que notre amitié est essentielle pour lui... ses mots me réchauffent le cœur et le glacent en même temps.... J'aurais tellement voulu qu'ils me parlent d'amour.... Il me dit qu'il veut toujours qu'on se voit à Paris... mais aurai-je la force d'être face à lui après tout ce que je lui ai écrit ??

.../...

Je ne sais pas quoi faire, je suis anéantie, paralysée, comme abasourdie… je suis dans un autre monde, plus rien ne peut m'atteindre… cette tristesse est là mais elle est teintée de colère…. Colère envers moi : comment ai-je pu croire que cet amour était partagé ? Il ne m'a jamais laissé entendre quoi que ce soit mais j'espérais malgré tout qu'il soit aussi secret que moi…. Pathétique utopie… et pathétiques espoirs…. Comment ai-je pu être aussi naïve… je ne peux plus me regarder dans un miroir…

Ces mots que j'avais écrits pour lui ne trouveront jamais d'échos mais je les garderai bien enterrés au fond de mon cœur pour ne jamais les oublier et pour me donner la preuve que oui, j'ai vraiment osé….

Ce soir mon rêve est mort

Ce soir mon rêve est mort…
Mon cœur y croyait trop fort.
Il ne faisait que se bercer d'illusions,
Croyant sentir naître une passion.

Ce soir mon rêve est mort…
Je pensais avoir trouvé mon trésor.
Mais tout n'était que fantasme,
Je retombe lentement en plein marasme.

Ce soir mon rêve est mort…
Mon esprit s'imaginait encore et encore,
Qu'une histoire pouvait commencer,
Que l'amour était là, tout près.

Ce soir mon rêve est mort…
J'aurais dû faire l'effort
D'ouvrir les yeux plus tôt,
Je serais tombée de moins haut…

Ce soir mon rêve est mort…
Mes doigts n'ont pu toucher cet or.
J'étais seulement amoureuse d'un songe,
Sans voir que tout n'était que mensonge…

Ce soir mon rêve est mort…
J'ai osé y croire trop fort,
Mais en réalité je me voilais la face,
Pour essayer de limiter la casse.

Ce soir mon rêve est mort…
Les larmes inondent mon corps.
Il faut se rendre à l'évidence,
Je vis à côté de ton absence.

Ce soir mon rêve est mort…
Inutile d'y croire encore,
Je ne suis pour toi qu'une amie,
Et il en sera toujours ainsi…

Dure réalité

Je vivais dans un rêve sans m'en apercevoir,
Je pensais qu'entre toi et moi l'amour
Etait en train de naître... pathétique espoir...
Je ne faisais que me mentir chaque jour...

Comment pouvais-tu ressentir quelque chose pour moi
Alors que je n'avais pas eu le courage de te parler ?
Mon cœur aveugle ne voyait plus que toi,
Et j'imaginais déjà nos deux corps enlacés.

Comment ai-je pu me complaire dans ce rêve
Qui n'avait aucune chance de se réaliser ?
Mon cœur en manque d'amour désirait tant une trêve
Qu'il a voulu croire à cet Eden enchanté.

Mais tout n'était que le fruit de mon imagination !
Car cette distance est bel et bien présente,
Et jamais tu ne m'as laissé entendre pour de bon
Que tu ressentais plus qu'une amitié attachante.

Désormais je suis retombée dans la réalité.
Ce fantasme avait déjà duré trop longtemps,
Je ne pouvais vraiment plus continuer
A espérer qu'un jour tu deviendrais mon amant.

A présent je marche de nouveau sur terre,
Mais la réalité est si dure à accepter...
Heureusement il me reste notre amitié sincère,
Qui je l'espère me fera oublier mes délires passés.

Maintenant je sais que je me suis fourvoyée,
J'ai enfin ouvert les yeux sur notre relation.
Mais mon cœur reste seul, lourd et désemparé,
Et ne sait plus quoi faire pour connaître la passion...

Aujourd'hui je sais...

Aujourd'hui je sais que je ne suis qu'une amie pour toi,
Je sais que ton cœur ne ressent pas d'amour pour moi,
Je sais que tu resteras seulement mon tendre confident.
C'est ainsi... tu ne deviendras jamais mon bel amant...

Aujourd'hui je sais que je me berçais de pâles illusions,
Je sais que mon esprit avait complètement perdu la raison,
Je sais que je ne pourrai jamais goûter ta douce peau.
C'est ainsi... tu ne seras pas mon charmant et paisible îlot...

Aujourd'hui je sais que ton cœur pur vibre ailleurs,
Je sais que grâce à elle tu as trouvé le bonheur,
Je sais que je ne serai jamais celle que tu aimeras.
C'est ainsi... je ne peux rien faire face à cela...

Aujourd'hui je sais que je ne pourrai pas te toucher,
Je sais que tes lèvres seront pour moi toujours scellées,
Je sais que je ne découvrirai jamais ton corps splendeur.
C'est ainsi... je reste seule dans ce sombre lit de malheur.

Aujourd'hui je sais que tu tiens à moi malgré mes aveux,
Je sais que tu désires conserver ce lien entre nous deux,
Je sais que tu es triste de m'avoir écrit ces mots fatals.
C'est ainsi... tu ne voulais pas du tout me faire du mal.

Aujourd'hui je sais que j'ai de la chance de te connaître,
Je sais qu'avec le temps cette froide douleur va disparaître,
Je sais que je serai capable de panser mes graves blessures.
C'est ainsi... ma plume saura soulager mes rouges brûlures.

Aujourd'hui je sais qu'il me faut accepter cette dure vérité,
Je sais que tu auras à jamais dans mon cœur une place privilégiée,
Je sais que tu m'accompagneras dans chacun de mes pas.
C'est ainsi... ton image restera pour toujours ancrée en moi.

Aujourd'hui je sais...

Bien sûr

Bien sûr que mon cœur a souffert
A la lecture de ses mots qui ont scellé
Le sort de ce pauvre amour mort-né.
Bien sûr que je sens encore ce goût amer…

Bien sûr que j'aurais voulu vivre
Avec lui une belle histoire d'amour,
Etre à ses côtés chaque nuit et chaque jour.
Bien sûr que j'aurais voulu qu'il me délivre…

Bien sûr que tous mes rêves sont morts
Sous l'encre de sa plume si élégante,
Qui aurait pu devenir ma douce amante.
Bien sûr que mes larmes couleront encore…

Bien sûr que j'aurais voulu qu'il voit
En moi celle que j'aurais pu être,
Celle qu'il aurait pu faire naître.
Bien sûr que j'aurais aimé connaître ça…

Bien sûr que mes pensées s'envoleront encore
Vers lui… mais le temps estompera mes désirs,
Ces désirs inassouvis qui me feront parfois souffrir.
Bien sûr que mon âme se souviendra de cette mort…

Bien sûr que notre lien d'amitié sincère
Sera toujours aussi fort malgré mes aveux.
Ce petit fil d'or qui sait nous rendre heureux.
Bien sûr qu'il restera mon ami pour la vie entière…

Prose alexandrine

Et me voilà de nouveau à l'intérieur de ce maudit TGV qui m'éloigne encore une fois de tous ces doux souvenirs... je suis de nouveau assise là, sans pouvoir faire quoi que ce soit... je reste impuissante face à ce paysage qui défile devant moi. Je voudrais pouvoir lutter, revenir sur mes pas et rester dans cette ville que j'aimerais découvrir à travers les yeux de mon amie de plume et de mon ami de cœur... mais le sort s'acharne sur moi avec tellement d'ardeur, il semble décidé à me priver de tous ces petits bonheurs qui pourraient apporter à mon âme une petite lueur...

Moi qui croyais être incapable de me retrouver en face de lui, je suis tellement déçue de l'avoir vu pendant un si court moment.... Assis tous les deux dans un café, tout était redevenu presque comme avant : nos confidences, nos regards, nos rires attendrissants... et pourtant je n'ai pas eu la force de revenir sur les sentiments que je lui avais avoués... mais ce n'était pas vraiment la peine de parler, nos silences entremêlés valaient mieux qu'un long discours... j'ai entendu ces mots qu'il n'a pas prononcés mais qu'il m'a écrits pour me réconforter... ces mots si sincères qui ont rendu la lame un peu moins tranchante et glacée....

Mon cœur qui avait peur de souffrir si durement en le revoyant a été tellement heureux de le revoir... revoir son visage, ses yeux, ses mains... entendre de nouveau le son de sa voix. Je sais à présent qu'il sera seulement un ami mais je remercie les étoiles d'avoir croisé son chemin... pourtant, tout au fond de moi, sommeillent ces gestes et ces envies qui, je le sais, me sont interdits avec lui... être si proche de lui a réveillé une partie de ces désirs enfouis... caresser ses mains, son visage, son cou... sentir ses bras autour de moi, poser ma tête sur son épaule... goûter à ses lèvres et entrelacer nos deux corps dans cette douce fièvre....

Et je suis toujours dans ce maudit TGV, à regarder les verts prés défiler devant mon regard triste et égaré... je contemple ces arbres mais je ne les vois pas, mes pensées sont ailleurs et mon cœur est resté là-bas. J'aurais tellement aimé le revoir avant de partir... mais j'ai dû quitter Paris sans avoir eu ce plaisir. Les douces fées ont certainement oublié de se pencher sur mon berceau lorsque je suis née... je suis condamnée à vivre sans l'espoir d'être un jour aimée... je suis condamnée à errer sans fin aux confins de ce désert sombre et glacé...

Ce soir...

Ce soir la blessure s'est remise à saigner. La lame plantée au fond de moi a rentrouvert les portes de ce récent et douloureux passé. Ce soir mon encre est teintée de rouge... je sens peu à peu mes forces me quitter. Mon sang s'écoule doucement le long de mon corps esseulé... je manque de plus en plus d'air, j'ai l'impression d'étouffer... Ce manque de lui est si lourd à porter... Je voudrais crier pour apaiser cette souffrance mais aucun son ne peut franchir mes lèvres. Je reste seule, écrasée par ce silence emprisonnant, à écouter les secondes passer une à une... tout ce vide autour de moi m'oppresse jusqu'à l'asphyxie... Il suffit que je ferme les yeux pour voir son visage et sentir ses mains me caresser... mais je sais à présent que ce rêve ne se réalisera jamais alors j'ouvre les yeux pour arrêter de me torturer... et pour contempler les quatre murs de cette pièce vide et glacée.

Je savais qu'arriverait un jour où la brûlure serait plus difficile à oublier... et que je n'aurai alors que ma plume pour laisser couler le flot de cette douleur lancinante... mais j'ai beau écrire ces mots encore et encore, rien ne pourra changer le fait qu'il ne ressent pour moi que de l'amitié. Et je sais que je dois l'accepter... mais ce soir mon cœur a trop mal... il se meurt en silence un peu plus chaque jour de savoir qu'il n'est pas aimé, de savoir qu'il ne peut pas donner tout l'amour qu'il voudrait. J'aurais tellement aimé qu'il m'apprenne la vie à deux, j'aurais tellement aimé le rendre heureux... Mais je dois me contenter de sa tendre amitié, c'est sa façon à lui de m'aimer et pour rien au monde je ne voudrais briser cette douce complicité. Je ne voudrais pas que l'on devienne un jour deux parfaits étrangers...

Ce soir j'aimerais le voir et lui parler mais cette distance m'empêche d'être à ses côtés... c'est peut-être mieux ainsi car il est le poison et l'antidote à la fois... il est celui qui me rend forte et fragile à la fois... il est celui qui fait souffrir mon cœur et lui apporte en même temps un petit peu de bonheur... comment faire pour échapper à ce douloureux dilemme ? Mon cœur ne sait plus que faire face à ce mélange de sentiments si contradictoires.... Mais le temps dans cette histoire sera un précieux allié.... Il me permettra de faire mourir en moi cet amour que je ressens encore pour laisser grandir et se consolider ce lien particulier qui aura pour toujours uni nos deux destinées. Alors, oui, que passent les jours et les semaines et que s'enfouisse à jamais toute ma peine pour qu'enfin je retrouve la sérénité... pour qu'enfin je puisse à nouveau aimer.

Il m'arrive parfois

Il m'arrive parfois de relire ses mots,
Ces mots qui ont transpercé mon cœur en lambeaux.
Ils ont scellé le tombeau de mes tendres rêves,
Mon cœur ne connaîtra pas encore sa trêve.

Il m'arrive parfois de relire ses mots,
Ces mots qu'il m'a dévoilés tels un beau cadeau.
Il m'a dit ce que je représentais pour lui,
Il m'a dit que j'étais une fidèle amie.

Il m'arrive parfois de relire ses mots,
Ces mots qui ont été la source de mes maux.
Ils resteront à jamais gravés dans la pierre,
Et me protègeront des flammes de l'enfer.

Il m'arrive parfois de relire ses mots,
Ces mots si sincères que j'ai trouvé si beaux.
Ils ont enveloppé la lame de satin,
Ils ont adouci mes larmes et mon lourd chagrin.

Il m'arrive parfois de relire ses mots,
Ces mots douloureux qui feront mon ciel plus beau.
Je sais qu'avec le temps, ils me rendront plus forte,
Je sais que mon âme se sentira moins morte.

Il m'arrive parfois de relire ses mots
Que je conserverai dans mon cœur bien au chaud.
Ils feront à jamais partie de mon histoire,
Et m'aideront peut-être à garder espoir.

Il m'arrive parfois de relire ses mots,
Ces mots qui ne deviendront jamais un fardeau.
Ils feront de ma vie ce qu'elle deviendra,
Et ils feront de moi ce que je ne suis pas…

Oui je sais

Oui je sais que je n'aurai jamais son amour,
Et pourtant je me dis 'peut-être qu'un beau jour'…
Je ne peux m'empêcher de croire en cet espoir,
De voir nos deux corps enlacés dans le miroir.

Oui je sais que cet espoir est pure folie,
Je suis et resterai pour lui juste une amie.
Mais parfois je manque tellement d'oxygène,
Que je me laisse aller dans ces rêveries vaines…

Oui je sais qu'il fallait que je lui avoue tout.
Pourtant si je n'étais pas allée jusqu'au bout,
J'aurais continué à vivre dans ce rêve,
Et je l'aurais aimé sans mesure ni trêve.

Oui je sais qu'il faut que je tourne cette page,
Mais trouverai-je en moi assez de courage ?
Il est toujours présent dans toutes mes pensées,
Alors que j'aimerais enterrer ce passé.

Oui je sais que mes amis de plume sont là
Pour m'aider dans ces moments là où rien ne va.
Sans eux je ne sais pas ce que je deviendrais,
Sans eux cette tristesse m'anéantirait…

Je repense souvent…

Je repense souvent à ce jour de décembre où j'ai reçu ton premier mail… je ne te connaissais pas encore et pourtant je savais déjà qu'un lien fort allait se créer… Au fil du temps et des lignes, nous avons appris à nous connaître, à nous écouter, à nous apprivoiser… Sans pouvoir me l'expliquer, j'ai tout de suite eu confiance en toi. Sans comprendre pourquoi, je sentais que je pouvais te dévoiler tous les tourments de mon âme et de mon cœur. Et moi qui suis pourtant secrète et réservée, je me suis surprise à t'écrire tout ce que je ressentais… mes joies, mes peines, mes doutes et mes secrets. Je t'ai ouvert les portes de mon âme et à aucun moment je ne l'ai regretté… t'écrire rend ma plume moins triste et moins seule…

Les semaines et les mois ont passé… et sans vouloir me l'avouer, je sentais naître en moi des sentiments plus profonds que de la simple amitié… mais je me voilais la face, je ne voulais pas me rendre à l'évidence… et pendant tout ce temps j'ai hésité à t'avouer ce que je ressentais… je ne voulais pas tout gâcher, je ne voulais pas souffrir encore une fois… Ma plume était devenue ma seule confidente… elle seule pouvait écrire tout ce que je te cachais au creux de ces quelques vers que je ne parvenais pas à t'envoyer… Même lorsque j'ai eu la chance de pouvoir te rencontrer, je n'ai pas trouvé le courage de te dire que pour toi mon cœur battait… alors je l'écrivais…

Je repense souvent à tout ce que nous avons partagé, à ce lien qui s'est doucement tissé entre nous…. Jusqu'à ce jour de mai où j'ai trouvé la force de t'écrire le plus profond de mes pensées… j'ai trouvé la force de t'écrire ce que je ressentais pour toi… en ce jour notre histoire aurait pu basculer… en ce jour, j'avais tellement peur de perdre ton amitié… en ce jour, j'espérais qu'on pourrait dire 'nous'… mais j'ai reçu ta lettre qui a transpercé mon cœur, cette lame écrite de ta main a mis fin à tous mes espoirs et mes larmes ont coulé… les larmes du désespoir… Tes mots m'ont fait mal mais j'ai fini par les accepter… et je suis heureuse d'avoir pu garder notre si belle amitié… Désormais, tu sais tous mes secrets… ces aveux n'ont fait que nous rapprocher…

Tous ces moments que l'on a vécus, tous ces mots que l'on a écrits font de nous ce que nous sommes aujourd'hui : deux véritables amis. Tout au long de mon chemin tu étais là pour me tendre la main, pour m'écrire ces mots qui me font tant de bien. Et je sais que tu es toujours là quand j'en ai besoin… Tu m'as fait de la peine, c'est vrai, mais j'ai puisé en mon cœur la force de te pardonner car je sais que l'amour ne peut se commander… et je sais que tu étais triste de me faire du mal. Aujourd'hui la blessure est toujours là mais elle commence à cicatriser… même s'il y aura des jours où elle se remettra à saigner, je réussirai à surmonter ces heures douloureuses. Je ne peux pas dire que j'ai cessé de t'aimer, une partie de moi ne pourra s'en empêcher… mais, désormais, je savoure notre lien unique et privilégié sans tristesse ni regrets…

Je repense souvent à nos deux vies qui se sont croisées et à présent je sais que je ne suis plus seule… Je sais que quelque part, quelqu'un pense à moi… je sais que je suis là à chacun de tes pas comme tu m'accompagnes où que je sois ici-bas. Cette distance qui nous sépare me fait pourtant douter parfois… J'ai quelquefois peur que tu m'oublies, que tu m'abandonnes en me laissant seule face à mon cruel destin. Mais tes mots si doux savent chasser ces nuages de mon ciel… les lire rend mon âme plus sereine et plus belle. Et même si je sais que tu n'es pas celui que j'attendais, tu resteras celui qui aura la clé de tous mes secrets… tu resteras celui qui saura apaiser mes angoisses… tu resteras celui qui lira à jamais ces lignes que j'écris à l'encre de mon cœur et de ma vie…

Premier regard

Et ce premier regard que je n'ai pas connu…
C'est à travers ses mots qu'il a conquis mon cœur.
Pendant de longs mois nous ne nous sommes pas vus,
Et notre première rencontre fût un bonheur.

Mais ce premier regard n'était pas amoureux,
Il n'y avait dans ses yeux que de l'amitié…
Alors j'ai préféré m'en remettre aux Dieux,
Me voilant la face sur ce qu'il ressentait.

Ce premier regard est ancré dans ma mémoire,
Tant j'aurais voulu y voir naître son amour,
Voir son âme remplie de désirs et d'espoirs,
Voir notre histoire resplendir jour après jour…

Ce premier regard que je n'ai pas pu croiser,
Restera présent dans mes songes les plus fous,
Où je peux enfin l'embrasser et l'enlacer,
Où plus rien n'existerait autour à part nous…

Ce premier regard que je continue d'attendre
Hante chaque jour et chaque heure de ma vie…
Pourtant il reste enfermé au creux des méandres
De mon esprit enchaîné à cette utopie…

Je ne veux plus...

Je ne veux plus que mes pensées lui appartiennent...
Je ne veux plus le laisser rendre mon cœur lourd...
Et pourtant chaque jour mon esprit se promène
Dans ce monde utopique où il est mon amour.

Je ne veux plus guetter le moindre de ses gestes...
Je ne veux plus vivre au rythme de ses doux dires...
Et pourtant malgré moi, je l'observe en cachette,
Restant à l'affût des mots qu'il daigne m'écrire.

Je ne veux plus espérer en vain l'impossible...
Non, je ne veux plus croire en ce songe infécond...
Et pourtant ma flèche cherche encore sa cible,
Elle aimerait toucher son cœur au plus profond.

Je ne veux plus qu'il soit maître de mes désirs...
Je ne veux plus que son corps attise mon cœur...
Et pourtant mes lèvres plus que jamais aspirent
A goûter les siennes en cet instant de bonheur.

Je ne veux plus souffrir de sa cruelle absence...
Je ne veux plus penser à cet amour mort-né...
Et pourtant je voudrais abolir la distance
Maudite qui me sépare de ses pensées.

Je ne veux plus écrire pour lui tous ces vers...
Je ne veux plus laisser couler cette encre noire...
Et pourtant tous ses mots restent mon seul repère,
Ils seront à jamais mon sang et ma mémoire.

J'te mentirais

J'te mentirais si j'te disais que j'y pense jamais…
Y a des jours où j'divague, où j'me dis et si… et si…
Et si t'avais dit oui, et si t'avais été celui…
J't'avoue que parfois j'maudis ce jour de Mai…

J'te mentirais si j'te disais que j't'aime plus…
Mais j't'aime comme un ami, un proche confident.
J'pense à toi tous les jours, peut-être même trop souvent,
Et j'guette sur mon écran les mails reçus….

J'te mentirais si j'te disais que j'suis jamais triste
Quand j'compte les kilomètres qui séparent nos chemins.
Y a des moments où j'aimerais vivre dans le bruit parisien,
Pour te voir plus souvent, avoir des pensées plus optimistes.

J'te mentirais si j'te disais que j'la relis jamais,
Cette lettre où tu m' dis très simplement
Que j'suis juste une amie, que t'es pas celui qu'j'attends…
J'm'en souviendrai d'ces mots et d'ces larmes versées…

J'te mentirais si j'te disais que j'ai pas eu mal.
Mais le temps a passé, la blessure s'est refermée.
J't'en veux pas tu sais, t'as pas fait exprès,
Les sentiments, ça s'commande pas et c'est normal !

J'te mentirais si j'te disais que j'regrette mes aveux,
Car c'est bien grâce à eux qu'on est si proches aujourd'hui.
J'espère vraiment que tout te sourira dans la vie,
Car moi, tout c'que je veux, c'est qu'tu sois heureux…

Chapitre III

Les méandres de l'inspiration

De maux en mots

Douce muse, où es-tu ?

Douce muse, où es-tu ? Je te cherche partout !
Tu as laissé ma plume éreintée et perdue,
Vidée de tous ses mots, flottant au gré des nues,
Implorant ton retour, elle tombe à genoux…

Douce muse, où es-tu ? J'ai besoin de ta voix !
Elle seule saura guider l'encre noircie
Le long des lignes où je dévoile ma vie…
Reviens tendre soleil ! Je ne suis rien sans toi !

Douce muse, où es-tu ? Je te veux près de moi !
Ton absence m'étouffe et je ne sais que faire
Pour retrouver ma voie, pour retrouver mes vers…
Aie pitié de ma plume agonisant de froid !

Douce muse, où es-tu ? Entends-tu ma prière ?
Les yeux levés au ciel, je cherche ton étoile,
Cette frêle lueur m'effleurant telle un voile…
A-t-elle disparu, cette flamme éphémère ?

Douce muse, où es-tu ? As-tu rejoint les Dieux ?
Ta source s'est-elle tue pour moi, simple mortelle ?
Ma poésie n'est-elle plus digne de tes ailes ?
Les maux sans leur muse dansent devant mes yeux…

Douce muse, où es-tu ? Reviendras-tu bientôt ?
Sans toi mes pauvres vers s'effilochent et se cassent,
Mes rimes biscornues meurent dans cette impasse,
Sans trouver le chemin les sauvant du tombeau…

Douce muse, où es-tu ? Je t'en prie, parle-moi !
Que ton souffle charmant vienne éclairer mon cœur,
Que je puisse à nouveau écrire mes douleurs…
Douce muse, où es-tu ? Mon encre meurt sans toi…

Quand ma plume s'égare...

Quand ma plume s'égare à vouloir trop écrire,
Elle est capable du meilleur comme du pire...
Elle s'épuise à trouver le bon mot, le bon pied,
Oubliant de laisser parler son cœur blessé...

Les vers virevoltent au creux de la tempête
Et je perds mon latin, ils n'ont ni queue ni tête !
Ma plume ne sait plus faire rouler les maux,
Ils agonisent là, si près de leur tombeau.

Les idées s'entrechoquent dans mon pauvre esprit,
Sans retrouver ce fil qui toujours les unit.
Ma plume est aux abois, ma plume est à genoux !

Elle implore le retour de ces temps si doux,
Cette époque bénie où sa muse divine
Enrubannait ses vers de sa voix cristalline...

En vers et contre tout...

Et même si ma plume tombe dans l'oubli,
Si plus personne ne vient lire mes écrits,
En vers et contre tout, j'écrirai sans répit...

Et même si mes maux résonnent dans le vide,
Si l'écho vient blanchir mon teint déjà livide,
En vers et contre tout, j'écrirai mes suicides...

Et même si mon cœur se vide de son sang,
S'il vient à perdre son unique et tendre amant,
En vers et contre tout, j'écrirai mes serments...

Et même si ma vie replonge dans le noir,
Si le souffle de l'amour me laisse un jour choir,
En vers et contre tout, j'écrirai mes espoirs...

Et même si mes rêves s'étiolent sans bruit,
Si mon âme harassée retombe dans la nuit,
En vers et contre tout, j'écrirai mes minuits...

Et même si mes mots voguent à la dérive,
S'ils ne parviennent pas à toucher l'autre rive,
En vers et contre tout, j'écrirai sans esquive...

Et même si ma voix se heurte au lourd silence,
Si ma plume se meurt sous le sceau de l'absence,
En vers et contre tout, j'écrirai mes errances...

J'écrirai pour ceux...

J'écrirai pour ceux dont les plumes se sont tues,
Ces poètes inconnus aux maux si têtus
Qui ont consacré leur vie à noircir des pages,
Y déversant sombres douleurs et pâles rages...

J'écrirai pour ceux qui souffrent en silence,
Ces âmes tourmentées oxydées par l'absence...
J'entendrai leur appel venu de la pénombre,
Elles dicteront mes mots, mes soleils et mes ombres.

J'écrirai pour ceux qui ne sont plus de ce monde,
Ces étoiles vibrant en une folle ronde...
Le vent me soufflera leurs tendres souvenirs
Que je dessinerai à l'encre des sourires.

J'écrirai pour ceux qui ne croient plus aux poèmes,
Ces esprits égarés recherchant leur emblème...
Je leur dévoilerai le secret de mes rimes
Qui les éloignera de ce si sombre abîme.

J'écrirai pour ceux qui ont perdu l'étincelle,
Cette lueur d'espoir égayant les prunelles...
Mon encre deviendra leur planche de salut,
Un havre de paix où ils seront bienvenus.

J'écrirai pour ceux qui ont toujours cru en moi,
Ces anges nacrés qui accompagnent mes pas...
Pour eux je me dois d'avancer sur ce chemin
Et d'écrire mes vides, mes peurs, mes refrains.

J'écrirai pour ceux...

Assise sur cette plage

Le vent du large vient doucement me caresser,
Les mouettes tournoient dans le ciel azuré,
Le soleil se lève lentement et vient illuminer
La mer majestueuse et calme en cette fin d'été...

Je sens sous mes pieds le doux sable doré,
Dont chaque grain voyage au gré des marées.
Je contemple apaisée ce paysage enchanté,
Tandis que les vagues s'habillent de reflets argentés.

Mon regard se perd dans l'immense océan,
Source de vie, de bien-être et d'apaisement.
Mes pensées voguent alors entre passé et présent...
Je repense à ma vie, ses joies et ses tourments.

Assise sur cette plage, je suis calme et sereine...
Ce petit coin de paradis sait chasser ma peine...
Je suis seule au monde, libérée de mes chaînes,
Envahie par le doux bruit des flots qui se déchaînent.

Je pourrais rester assise là toute ma vie,
Loin du monde, des malheurs et des cris.
Loin des souffrances, des regrets et des ennuis,
Loin des souvenirs et des espoirs anéantis.

Mais je réalise qu'il n'y a personne près de moi
Pour partager cet instant plein de beauté et d'éclat.
Alors je chercherai encore et toujours mon toi
Pour contempler ce rivage blottie au creux de ses bras...

Entre ciel et terre

Flotter entre ciel et terre…
Des rubans de coton voltigent autour de moi,
Ils enrubannent doucement mes maux d'autrefois.
Je sens le silence si apaisant m'envelopper lentement,
Mon esprit se libère de ses peines et de ses tourments.

Flotter entre terre et mer…
Au loin, en bas, j'aperçois les pâles lueurs du monde.
Ce nuage de douceur m'en éloigne seconde après seconde…
Je ne suis même pas triste de quitter cette Terre,
J'oublie toutes les souffrances et les souvenirs amers.

Flotter entre ciel et terre…
Mon cœur est désormais libéré de ses chaînes,
Il est envahi par un océan de plénitude sereine.
Tout est terminé… les regrets, les joies, les erreurs…
Je vais enfin pouvoir toucher du doigt le bonheur !

Flotter entre terre et mer…
Je m'approche lentement de mes amies les étoiles,
Leur lumière scintillante déchire tous mes voiles…
La mer et la terre sont si belles vues du ciel !
Je nage simplement dans les airs à côté du soleil…

Flotter entre ciel et terre…
Je ne suis plus celle que j'ai été jusqu'alors,
Je demeure calme et sereine en quittant mon corps…
Légère et dépouillée de tous mes tourments,
Je m'en vais toucher les astres au firmament…

Mon Sud

Terre d'ocre et de lumière baignée par les mers,
Une douce odeur de lavande qui flotte dans l'air,
Le chant des cigales vient bercer mes oreilles,
Je contemple ce beau paysage, tous les sens en éveil.

C'est mon Sud, mon histoire, ma mémoire…

Le soleil étincelant baigne de ses gouttes d'or
Cette contrée sauvage où le mistral souffle fort.
La mer si lisse et si calme brille de mille feux,
Capturant dans ses vagues une myriade de reflets lumineux.

C'est mon Sud, mon histoire, ma mémoire…

J'entends les feuilles de l'olivier qui doucement s'agitent,
Elles racontent aux passants leurs plus beaux mythes.
La pétillante odeur du romarin m'enfle la narine,
Tandis que mon visage se frotte à la brise marine.

C'est mon Sud, mon histoire, ma mémoire…

J'entends la voix des pépés qui parlent provençal,
Ces mots si chantants qui donnent toujours un récital,
Ces mots qui sont pour moi la voix de la chaleur,
Ces mots qui viennent du Sud si cher à mon cœur…

L'orage

Et les sombres nuages avancent peu à peu,
Noircissant ce vaste ciel de moins en moins bleu.
L'astre solaire perd lentement tous ses droits
Pour laisser place à ce fantôme sourd et froid…

Le vent humide fait tressaillir les feuillages,
Il me murmure l'arrivée du bel orage.
Au lointain, j'entends le bruit de volets qui claquent,
Criant la venue de la pluie sur les baraques…

Dehors, plus rien ne bouge, tout est immobile,
Le temps a suspendu sa course folle et vile…
La Nature attend l'offrande venue du ciel,
Retenant son souffle pour recueillir ce miel.

Les grondements sourds du tonnerre se rapprochent,
Tandis que les éclairs illuminent les porches.
Soudain tout se fige, il n'y a plus aucun bruit,
Je savoure cet instant au goût d'infini…

La première goutte d'eau vient de s'écraser
Sur la terre qui sera bientôt détrempée.
Ces perles de cristal affluent de toutes parts,
Abreuvant de leurs éclats nos âmes si noires…

A l'abri d'un saule je contemple la vue
De cette pluie battante descendue des nues,
Me demandant si elle saura me purifier,
Me laver de mes peurs et de tous ces regrets…

Sous les cerisiers blancs

Sous les cerisiers blancs... la calme m'envahit...
La brise matinale emporte mes démons,
Ils s'en vont se terrer dans les sombres bas-fonds,
Je me sens libérée... je renais à la vie !

Sous les cerisiers blancs... mon cœur est si heureux...
Il peut enfin donner cet amour généreux,
Il a trouvé son autre, son frère jumeau,
Celui qu'il appelait au creux de ses mots...

Sous les cerisiers blancs... mon âme est si sereine...
Les affres du passé ne sont que souvenirs,
Elle rayonne en pensant à son bel avenir,
Désormais à l'abri du lourd flot de ses peines.

Sous les cerisiers blancs... mes pensées sont légères...
Plus rien ne vient troubler mes jours calmes et prospères,
Ce voile de noirceur a enfin disparu,
Et je me sens heureuse, presque à mon insu.

Sous les cerisiers blancs... mon corps est en émoi...
Il caresse tes épaules avec gourmandise,
Il sent brûler en lui ce feu que tu attises,
Et se laisse enivrer par le jeu de tes bras...

Sous les cerisiers blancs... le monde m'appartient...
Grâce à ta présence, je n'ai plus peur de rien,
Ton amour me rend chaque jour un peu plus forte
Il me rend capable d'ouvrir toutes les portes...

Un homme qui pleure

Il reste assis là, le visage caché au creux de ses mains,
Cette vague d'émotions le submerge si violemment
Qu'il n'a plus le courage de cacher ce qu'il ressent,
Il laisse couler ses larmes sur son corps d'airain.

C'est tout simplement un homme qui pleure,
Sincère et fragile, sans honte ni pudeur...

Il a eu la force de poser ce masque souvent lourd à porter,
Ce masque où se lisaient l'insensibilité et la puissance.
Il a eu la force de briser cette armure faite de distance,
Pour me laisser entrevoir son cœur et ses secrets.

C'est tout simplement un homme qui pleure,
Sincère et fragile, sans honte ni pudeur...

Ses yeux encore humides sont emplis de détresse,
Il dévoile son âme au creux des larmes déversées,
Et laisse parler ses sentiments trop longtemps refoulés.
Il sent que sa vraie force est de montrer ses faiblesses.

C'est tout simplement un homme qui pleure,
Sincère et fragile, sans honte ni pudeur...

Il a enfin déposé les armes, il ne peut plus lutter
Contre ces sensations qui bouleversent sa vie.
Il met son cœur à nu en oubliant les mauvais esprits,
Et ouvre ainsi une fenêtre où j'entrevois sa vérité...

C'est tout simplement un homme qui pleure,
Sincère et fragile, sans honte ni pudeur...

Oublions… juste pour ce soir

Oublions… juste pour ce soir…
Ces souvenirs qui encombrent ma mémoire,
Tous ces moments de tristesse et de désespoir,
Ces heures blanches qui jalonnent mon histoire…

Oublions… juste pour ce soir…
Le flot de mes idées parfois si noires,
L'océan de mes faiblesses et de mes espoirs,
Cet abysse où je plonge certains soirs.

Oublions… juste pour ce soir…
Donnons une chance au virevoltant hasard
De m'inventer un monde sans spectres hagards,
Et de découvrir un autre reflet dans le miroir.

Oublions… juste pour ce soir…
Noyons-nous dans les autres et leurs regards,
Laissons aller ces désirs depuis trop longtemps au placard
Sans réfléchir… sans choisir… juste comme ça, pour voir…

Oublions… juste pour ce soir…
Faisons peau neuve pour un nouveau départ,
Abandonnons cette souffrance pour retrouver l'espoir,
L'espoir d'une vie meilleure aux reflets d'ivoire.

Oublions… juste pour ce soir…
Effaçons toutes ces angoisses parfois si dérisoires,
Profitons de ces instants sans prendre de retard,
Et terrassons ces vieux démons gisant sur le trottoir.

Oublions… juste pour ce soir…
Réécrivons mes envies, mes rêves et mon histoire,
Nageons dans le bonheur, même s'il n'est qu'illusoire,
Ayons confiance en l'avenir et essayons d'y croire…

Oublions… juste pour ce soir…

Prière silencieuse

La douce nuit d'été vient de se lever. Une à une les étoiles commencent à s'allumer. La brise vaporeuse en ce soir de juillet vient caresser ma peau et la fait frissonner. Les voiles de mon paréo ondulent en silence. Au creux de ce calme serein, la lune, majestueuse reine de la nuit, daigne apparaître enfin. Elle inonde le ciel de ses reflets pâles et irisés. Elle éclaire la voûte étoilée de son disque à moitié plein qui fascine les hommes.

Et moi, humble terrienne, je reste là à contempler le paisible astre lunaire. De là-haut, les humains doivent lui paraître bien vils et bien petits... des petits pions de bois qui se font la guerre, créant eux-mêmes les prisons où ils se terrent. De là-haut, l'âme humaine doit lui sembler bien sordide... avides que nous sommes d'être toujours les meilleurs, les plus forts, les plus riches. Oubliant ce faisant les valeurs essentielles qui doivent nourrir nos vies.

Et moi, humble terrienne, je contemple toujours la lune et je me demande si au cœur de ce monde bruyant, elle entend ce léger murmure... entend-elle cette prière muette ? Tous ces maux restés enfouis en moi et que je ne peux dévoiler qu'à sa douce lumière... voit-elle de là-haut que mon âme est restée pure et sincère ? Sait-elle qu'elle est souvent ma dernière confidente quand cette solitude pèse trop lourd sur mon cœur blessé ?

Mais la nuit avance... mes yeux fatigués commencent à se fermer... et la lune peu à peu disparaît... je me décide alors à l'abandonner et je vais me glisser au creux de mes draps frais... Je bascule dans un profond sommeil peuplé de rêves... ces rêves dont elle seule est le témoin muet... elle connaît ainsi tous mes désirs les plus secrets... Elle est la gardienne de mes songes et je sais que malgré la folie des hommes, elle entend ma prière silencieuse en ce bas monde...

Adieu l'Abbé...
A la mémoire de l'Abbé Pierre

Adieu l'Abbé... toi qui a élevé la voix
Pour faire entendre ceux qui n'en avaient pas...
Toi qui as fait de la misère ton combat,
Luttant sans cesse contre la faim et le froid.

Adieu l'Abbé... toi qui a oublié ta vie
Pour la donner aux autres à chaque minute.
Toi qui as participé à toutes les luttes,
En offrant la dignité aux plus démunis.

Adieu l'Abbé... toi qui a crée ces maisons
Pour donner du travail à tous les délaissés,
Ces hommes dépourvus d'argent et de métier,
Qui ont su aider de la plus belle façon.

Adieu l'Abbé... toi qui as été la conscience,
Le cri d'alarme qui nous a ouvert les yeux
Sur le terrible sort de tous ces malheureux,
Dormant sur les trottoirs dans cet hiver trop dense.

Adieu l'Abbé... toi qui n'as jamais hésité
A tendre la main à ces âmes en détresse,
Celles qui ont pu survivre grâce à ta sagesse,
Ton cœur pur débordant de générosité...

Adieu l'Abbé... toi qui as retrouvé le ciel...
De là-haut je sais que tu veilleras sur nous,
A côté du Seigneur, tu resteras debout,
Toi, l'homme humble et pur au sourire éternel...

Adieu l'Abbé... que ton âme repose en paix...

Je m'abreuvais...

Je m'abreuvais des maux qui coulaient de mon encre,
Tel l'esclave du beau venant jeter son ancre
Sur des terres perdues, caressées par des vers
Au fin goût d'absolu, perles douces amères...

Je m'abreuvais de l'ombre entachée de souffrance,
Jonchant les décombres de mon âme en partance...
Attachée à mes peurs, rongée par les regrets,
Sombrant de pleurs en pleurs dans cette nuit de jais.

Je m'abreuvais du vide endeuillant mes espoirs
Au pauvre teint livide à la table des couards.
Dans leur cage de vers, ils dansaient solitude,
Bercés par mon hiver et son pâle prélude.

Je m'abreuvais du sang qui courait dans mes veines,
Les gouttes rougissant la couleur de mes peines.
Le liquide perlait de mes viles blessures,
Epaississant le trait de mes fines ratures...

Je m'abreuvais du temps, des souvenirs fanés,
Ils mouraient lentement dans mes draps trop froissés.
Je revivais sans fin ces instants de bonheur,
Espérant qu'un matin, ils renaîtraient douceur...

Je m'abreuvais des maux qui coulaient de mon encre,
Tel l'esclave du beau venant jeter son ancre
Sur des terres perdues, caressées par des vers
Au fin goût d'absolu, perles douces amères...

Il est...
A Jean-Jacques Goldman

Si loin de moi et pourtant si près de mes pensées,
Il sait si bien écrire mes sentiments et mes peurs.
Ces quelques mots qu'il sait si bien coucher sur le papier
Et accompagner de quelques accords de guitare charmeurs.

Si loin de moi et pourtant si proche de ma vie,
Il est présent à chaque instant, à chaque événement.
Et quand je sens en moi renaître la mélancolie,
Ecouter sa douce voix m'apporte tant d'apaisement.

Si loin de moi et pourtant si près de mes peines,
Il est l'ami, le confident, le frère que je ressens.
Ses mots m'emportent vers un monde sans chaînes,
Où la vérité est belle, où plus rien de ment.

Si loin de moi et pourtant si proche de mes nuits,
Où je rêve de pouvoir un jour le rencontrer,
Pour lui dire combien j'aime sa voix et ses écrits,
Pour lui dire tout ce que ses chansons m'ont apporté.

Si loin de moi et pourtant si près de mes secrets,
Lui seul sait poser des phrases sur mes doutes et mes faiblesses.
Il connaît tous les méandres de mon esprit tourmenté,
Et décrit ces sentiments enfouis avec tant de justesse.

Si loin de moi et pourtant si près de mon cœur,
Il est le frère qui m'accompagne jour après jour,
Il est celui qui m'aide à croire encore au bonheur,
Il est l'étoile qui me fera avancer encore et toujours...

Vingt ans déjà...
A tous les bénévoles des Restos du Cœur

Vingt ans déjà que Coluche a lancé cette si belle idée :
Aux plus démunis, donner simplement à boire et à manger.
Chaque jour les bénévoles passent le relais de la générosité,
Pour tenter de lutter contre la faim, l'exclusion et la pauvreté.

Chaque année les repas distribués sont de plus en plus nombreux,
Des milliers de personnes essayent de faire de leur mieux,
Pour rendre ces exclus un petit peu moins malheureux,
Un regard, un sourire, et tout semble aller déjà mieux.

A ces personnes dévouées qui donnent de leur temps aux restos,
Qui sont là chaque jour pour distribuer un bon plat chaud,
Et de la chaleur humaine pour essayer de guérir les maux,
Moi, humble poétesse, je leur tire bien bas mon chapeau...

Ces artistes qui savent donner de leur cœur et de leur temps,
Qui chantent, rient, nous divertissent pour récolter de l'argent,
Et qui essaient d'initier et de soutenir les nécessaires changements,
Moi, humble poétesse, je les remercie de leur tendre dévouement.

A tous ces gens qui vivent quotidiennement dans la rue,
Qui tentent de trouver un endroit chaud le soir venu,
Et qui se sentent tellement seuls, abandonnés et exclus,
Moi, humble poétesse, je dis croyez aux anges et à leur venue !

A tous ceux qui pensent être pour toujours à l'abri du besoin,
Qui vivent tranquillement dans leur maison au décor florentin,
Et qui ne pensent qu'à ce qu'ils vont pouvoir acheter demain,
Moi, humble poétesse, je leur dirais vous pourriez un jour connaître la faim !

A tous ces hommes qui gouvernent si mal notre pays,
Qui ne font presque rien pour améliorer nos tristes vies,
Et qui font semblant de ne pas voir que tout va de mal en pis,
Moi, humble poétesse, je voudrais dire entendez nos cris !

Vingt ans déjà que Coluche a lancé cette si belle idée,
Aux plus démunis, donner simplement à boire et à manger.
Chaque jour les bénévoles passent le relais de la générosité,
Pour tenter de lutter contre la faim, l'exclusion et la pauvreté...

Le sablier du temps

Le sablier du temps égrène ses secondes…
Où court mon destin parmi les grands de ce monde ?
Quel sort les Parques ont-elles choisi pour ce fil ?
Sera-t-il long ou court ? Terni de choses viles ?

Le sablier du temps me conduit vers la mort,
Ces doux grains qui s'écoulent bâtissent mon sort.
Mais elles tissent toujours le lourd fil de ma vie,
Elles ont entre leurs mains mes désirs interdits.

Le sablier du temps dessine mon chemin,
Jonché de l'absence attisant le chagrin.
Pourtant elles refusent de rompre ce fil d'or
Et elles continuent de tisser l'étoffe… encore…

Le sablier du temps esquisse mon futur,
Où je reste emprisonnée entre ces hauts murs.
Mais elles filent encore de leurs blanches mains
Ce lien maudit qui m'unit à ces lendemains.

Vous, les Parques, maîtresses de ma destinée,
Entendez la prière de mon cœur blessé !
Coupez ! Coupez sans regrets ce fil si fragile !
Délivrez-moi de l'enfer de vos mains agiles…

En ce temps là...

En ce temps là, la vie n'était pas toujours facile,
Les enfants travaillaient souvent très tôt
Pour tenir quelques sous dans leurs mains fragiles,
Et s'offrir du pain ou du sucre en morceaux.

En ce temps là, l'école était une chance,
Un lieu de camaraderie et de respect,
Où l'on apprenait doucement à quitter l'enfance,
Pour devenir un homme honnête et avoir un métier.

En ce temps là, l'argent était rare mais superflu,
Les vraies valeurs étaient encore bien présentes
Dans le cœur des hommes et à chaque coin de rue,
On croyait au respect, au travail et à la tolérance.

En ce temps là, on se chauffait au feu de bois.
Dans les chambres, pas de source de chaleur,
On tentait vainement de réchauffer les draps
Mais on grelottait dans son lit pendant des heures.

En ce temps là, on savait vraiment s'amuser.
Nul besoin de nos jeux stupides et bruyants,
Il suffisait d'un peu d'imagination et de quelques idées,
Pour construire ensemble de très agréables moments.

En ce temps là, on savait se contenter de peu :
Une pièce, un bonbon, une image ou un chocolat
Suffisait à rendre les enfants tout heureux,
Car la vie était faite de petites et simples joies.

En ce temps là, mes parents étaient des enfants,
Et chaque jour ils me racontent cette vie d'autrefois,
Elle fait partie de moi, de mon histoire, de mon temps,
Et quoi qu'il puisse advenir je ne l'oublierai pas...

L'impossible quête

On revient toujours là où tout a commencé,
Voulant sonner le glas de l'avenir brisé...
Retrouver le début pour mieux vivre la fin
Des souvenirs fourbus agonisant en vain.

Effleurer de nouveau le début de l'histoire,
Redécouvrir les mots enfouis dans les mémoires...
Voir soudain ressurgir les visages connus,
Entendre retentir les voix qui se sont tues.

Redessiner les traits de la grande bâtisse
Où les bonheurs secrets rendaient les eaux si lisses...
Redécorer les murs des tableaux de famille,
Tous ces portraits obscurs où les ombres fourmillent.

Revoir les sourires, les regards amoureux,
Tous ces instants plaisir où les cœurs sont heureux.
Regoûter la joie de caresser sa peau,
Ce velours d'autrefois qui chassait tous les maux.

Replonger dans le fleuve entaché de son sang
Et faire peau neuve dans ce bain rougeoyant.
Etre lavés des peurs sournoises et mesquines
Qui soudain affleurent les croyances divines.

Réaliser enfin que tout n'est qu'illusoire,
Que nous, pauvres humains, n'avons pas le pouvoir
De redonner la vie à ceux qui sont éteints,
Ces cadavres blanchis par nos larmes d'étain...

Il est fini le temps…

Il est fini le temps où tous mes mots glissaient
Sur ce papier flottant capturant mes pensées…
Les pages noircissaient au rythme de mes peurs,
Les rimes s'écoulaient emportées par mes pleurs.

Il est fini le temps où ma muse était là,
Me berçant doucement dans ses sublimes bras…
Rien ne pouvait briser ma plume endolorie,
Grâce au souffle léger qui lui donnait la vie.

Il est fini le temps où la noirceur régnait
Sur mes cieux vieillissants entachés de regrets.
La douleur me dictait les maux dans un murmure,
Et je les écrivais pour panser mes blessures.

Il est fini le temps où mon âme était seule,
Prisonnière des vents qui scellaient son linceul…
Désormais elle connaît le véritable amour,
Elle a trouvé la paix qui colore ses jours.

Il est fini le temps où j'attendais en vain
Une épaule pouvant soutenir mes demain…
A présent je revis grâce au soleil soyeux
Du regard de celui qui rend mon cœur heureux…

Illusions perdues

Ma plume se noie en méandres inutiles,
Elle recherche le beau, le racé, le futile.
Mais rien ne lui convient, à cette grande dame,
A vouloir la perfection, elle en perd son âme…

Et les vers d'autrefois ne sont plus à son goût,
Les mots lui sonnent creux, lui inspirent dégoût.
Pourtant elle est bien celle qui les a écrits,
En ses temps malheureux dominés par la nuit.

Elle devient victime du lourd péché d'orgueil,
Les idées se fracassant sur ses vifs écueils.
La fioriture tue l'essence de son être,
Mais pourquoi s'entêter vers l'or et le paraître… ?

Elle a soif d'inconnu, d'espaces infinis
Où elle découvrirait bien d'autres poésies…
Elle rêve de changer, d'inspirer l'air nouveau
Qui lui ouvrirait les horizons indigo.

Puis la malheureuse se rend à l'évidence,
Elle ne parviendra pas à saisir cette chance…
Et malgré ses envies de rimes symboliques,
Elle reste emprisonnée dans sa pauvre métrique…

Je me nourris

Je me nourris des maux qui ont fait mon passé,
Délavé par les eaux de mes larmes salées.
Ces vers autrefois noirs m'ont montré le chemin
De ce petit espoir qui m'a pris par la main.

Je me nourris des gens croisés sur cette route,
De leurs sombres instants enrubannés de doutes,
Mais aussi de leurs joies, de leurs cœurs amoureux,
Soumis aux douces lois d'un ciel toujours si bleu…

Je me nourris de l'air parfumé du passé,
Ces souvenirs si chers désormais désuets,
Ces perles trop ternies par la poussière temps,
Survivant sans répit par-delà les printemps.

Je me nourris de l'eau turquoise de la mer,
Que les fiers matelots défient à chaque hiver,
Ses reflets cristallins transpercent mon regard,
Se perdant au lointain dans ce jeu de miroirs.

Je me nourris des mots retraçant mon histoire,
Ces poèmes vitaux habitant ma mémoire.
Quoi qu'il puisse arriver, ils guideront mes pas,
Et malgré les années, ils resteront en moi…

Pas facile
Slam

C'est pas facile de trouver son style
Quand on n'est pas habitué à slamer
J'suis un peu perdue dans cet univers inconnu
J'essaie de trouver mes marques sans qu'on l'remarque

Ce monde là a l'air vraiment unique
Porté par un souffle authentique
On vit, on écrit, on partage, on sourit
On pleure aussi parfois, c'est ça la vie

Ces mots écrits à l'encre des maux,
Des rires, des souvenirs, des sanglots
Ils sont là, ils témoignent devant vous
Que la jeunesse souffre, que la jeunesse est à bout

Oui nous sommes fatigués de ramer tout l'temps,
Oui nous sommes indignés de voir tout cet argent
Qui s'étale dans les journaux
Comme des légumes dans leurs cageots

Mais l'écriture est là pour nous sauver
Grâce à elle on survit, on dit, on crée
Les pages sont nos psys dispos à toute heure
Une pensée, une idée et la plume est à l'œuvre

C'est un réflexe, cherche pas, ça s'explique pas
Moi et beaucoup d'autres, on est nés com'ça
Peut-être pas doués pour dire, plus à l'aise pour écrire
On pose au fil des mots nos meilleurs et nos pires

J'suis fière d'appartenir à cette grande famille
Où les textes et les rimes fourmillent
L'écriture m'a sauvée de mon enfer solitaire
Alors j'essaie d'la remercier en prose ou en vers

Quoi qu'il arrive je sais qu'elle s'ra toujours ma sœur
Présente dans ma tête, présente dans mon cœur.

Seul maître à bord
Slam

Il a réveillé ma plume endormie depuis quelques temps,
Embourbée dans l'bonheur depuis trop longtemps…
Il m'a donné envie de regoûter aux vers,
De replonger dans cet univers tête la première.
Il m'a montré qu'les mots, on pouvait jouer avec.
Il m'a montré qu'les maux, on déconne pas avec.
Il m'a fait sourire en écoutant sa voix sereine
Qui raconte sa vie, ses potes, ses déveines.
Il m'a donné des frissons grâce à ses textes uniques,
En f'sant passer des émotions aux endroits stratégiques.
Il m'a fait voir la vie avec un regard différent :
Un œil neuf, un œil clair, un œil autrement.
Il a su s'mettre à nu sans détours, sans ratures,
Il a su se sauver grâce à l'écriture,
Il a réussi à transmettre son expérience,
Il a montré que tout l'monde avait une chance,
Une chance de s'faire entendre,
Une chance de s'faire comprendre,
Malgré les malheurs, les coups durs et les coups bas,
Faut jamais laisser tomber, on n'a pas l'droit.
Faut toujours y croire, faut toujours la voir,
Cette p'tite étoile là-haut dans l'ciel
Qui guide nos pas, nos rêves, nos essentiels.
Il est la preuve vivante que rien n'est jamais perdu,
Suffit d'se battre et d'se bouger l'cul !
J'dis pas qu'c'est facile, ça c'est clair que non !
Mais quand tu t'bats, tu avances dans une direction.
Et même si c'est dur tout c'que tu endures,
Faut pas décrocher car au bout, on touche le bonheur pur…
Vous allez m'dire ouais c'est ça !
Que du baratin ! Nous on te croit pas !
Et pourtant moi aussi j'ai vécu de sales moments…
J'étais seule, déprimée, sans amis, sans amant.

…/…

95

L'avenir était si noir que j'osais pas l'regarder.
Un jour de janvier j'ai même pensé à m'suicider.
J'crois qu'c'est là que j'ai touché le fond,
Alors y avait plus qu'à donner un coup de talon.
D'ailleurs j'remercie July, heureus'ment qu'elle était là,
Elle m'a portée à bout d'bras dans ces moments là.
Et puis j'sais pas trop ce qui s'est passé,
Les choses ont enfin commencé à bouger...
J'ai décroché un job alors qu'j'y croyais plus !
Pour une fois la chance m'était tombée dessus !
Et la rencontre qui a tout changé est enfin arrivée,
J'ai croisé la route de celui qui allait m'aimer.
A partir de ce jour, tout est allé très vite
J'ai retrouvé l'sourire et le bonheur en kit,
J'ai arrêté d'broyer du noir au fond de mon lit
J'ai pris confiance en moi, en nous, en lui,
Et p'tit à p'tit j'ai oublié toutes mes galères.
Maintenant j'suis heureuse et ça fait vraiment du bien !
Je ris, je souris, j'aime, j'écris, je vais, je viens.
Perdue par les maux, j'ai été sauvée par les mots.
Malgré mon bonheur ces années là resteront dans ma tête,
Elles ont existé, j'peux pas les effacer d'un coup d'baguette,
Elles prouvent que rien n'est jamais désespéré,
Que quoi qui s'passe, faut jamais abandonner.
J'suis la preuve vivante qu'on peut revenir d'entre les morts.
J'suis la preuve vivante qu'on est le seul maître à bord.

Je lève mon verre

Je lève mon verre à ces muses assombries
Qui ont laissé pourrir ma plume et ses écrits.
Elles doivent bien rire en ces temps tortueux,
Où je ne puis toucher un seul vers bien heureux.

Je lève mon verre à ces amitiés perdues
Qui reviendront un jour caresser mes bras nus,
A l'envie, au hasard, au détour d'un chemin,
Ces perles de satin brilleront dans mes mains.

Je lève mon verre à tous ceux qui se sont tus
Pour un jour, pour toujours, pour une belle inconnue.
Ces poètes de l'ombre abandonnés trop tôt
Par ce souffle impérieux cristallisant les maux.

Je lève mon verre à ces sombres souvenirs,
Ces instants de noirceur où j'ai voulu mourir.
Ils ont construit ma vie, mon âme, mon histoire,
Sans eux je ne serais qu'une femme sans mémoire.

Je lève mon verre à ces moments de bonheur
Illuminant mes jours de leurs douces lueurs.
Ces gouttes d'amour pur m'inondent de lumière
Un peu moins que demain et un peu plus qu'hier…

Je lève mon verre…

Ô douleur

Ô douleur je me meurs sans toi ma douce amie,
Que ne viens-tu peupler mes heures sans envie ?
Je me sens perdue telle une plume orpheline,
Espérant sans répit les muses angevines…

Ô douleur n'auras-tu donc aucune pitié
Face à ces mots brisés devant l'inachevé ?
Les vers s'entrechoquent sans aucune passion,
Incapables d'unir leur voix au diapason.

Ô douleur te souviens-tu de ces temps bénis
Où mon encre se gorgeait des eaux de ton lit ?
Ce fleuve ténébreux était la seule source
De mes maux douloureux venant au pas de course…

Ô douleur je t'en prie, j'implore ta clémence !
Mes lignes te supplient, donne-leur une chance
De renouer ce lien si sombre et magnifique,
Cette pure osmose d'où naissait la supplique…

Ô douleur….

Chapitre IV

Les lueurs de l'amitié

Les mots dédiés

De ma famille
A mes amis poètes

Plusieurs mois déjà que j'ai découvert cet endroit,
Lieu de partage et d'échange des douleurs et des joies,
Où je retrouve mes sœurs et mes frères, poètes comme moi,
Où je retrouve mes repères, mon refuge, mon chez moi.

Vous êtes de ma famille, vous faites partie de moi...

Chaque jour j'ai besoin de venir vous voir,
Pour partager mes joies, mes doutes, mon désespoir.
Chacun de vos mots brille telle une étoile dans le noir,
Chacun de vos mots est une pierre qui construit mon histoire.

Vous êtes de ma famille, vous faites partie de moi...

Grâce à vous la solitude est un peu moins lourde à porter,
Votre soutien et votre générosité m'aident à avancer,
A trouver le courage d'écrire toutes mes pensées,
Grâce à vous j'ai de nouveau le sentiment d'exister.

Vous êtes de ma famille, vous faites partie de moi...

Maintenant je sais que j'ai trouvé ma place parmi vous,
Vous êtes la béquille grâce à laquelle je tiens encore debout,
Vous êtes le baume qui aide mon cœur à tenir le coup,
Et je ne sais pas ce que deviendrait ma vie sans vous...

Vous êtes de ma famille, vous faites partie de moi...

Je ne pensais pas
A mes amis poètes

Je ne pensais pas trouver un jour un si bel endroit,
Où pourrait s'exprimer sans pudeur mon désarroi,
Où j'oserais ôter ce voile qui me suit à chaque pas,
Où je me sentirais tout simplement comme chez moi.

Je ne pensais pas rencontrer un jour de si belles âmes
Qui sauraient trouver les mots pour me réconforter,
Qui parviendraient à rendre moins tranchante cette lame
A jamais ancrée au fond de mon cœur frêle et blessé.

Je ne pensais pas partager un jour tant de jolies choses,
Vivre au rythme de vos poèmes en parfaite osmose,
Lire vos magnifiques vers et vos textes en prose,
Trouver enfin en moi cette douce plume qui ose.

Je ne pensais pas éprouver un jour de si fortes émotions
En découvrant des vers écrits par d'aussi fines plumes,
Qui résonnent souvent en moi et en mon cœur à l'unisson,
Tant ils reflètent les peurs et les faiblesses qui me consument.

Je ne pensais pas nouer un jour des liens aussi sincères,
Ces petits fils de soie qui embellissent ma vie amère,
Et qui sont presque devenus ce que j'ai de plus cher,
En tissant un drap de velours autour de mon cœur solitaire.

Je ne pensais pas connaître un jour ce lieu merveilleux,
Où je serais capable de dévoiler mes pensées secrètes.
Sans vous j'aurais sombré au fond de ce gouffre ténébreux…
Sans vous, je ne serais pas vraiment moi, mes chers amis poètes…

Tu connaîtras encore
A Magali

Ton cœur est blessé par cette amitié perdue,
Et il souffre tant de son absence têtue
Qu'il a quelquefois l'impression de suffoquer,
Rongé par le manque de ce lien dénoué….

Tu ne peux te résoudre à oublier ces mots
Ecrits à l'encre de vos cœurs et de vos maux…
Tous ces instants de joie dansent devant tes yeux,
Et viennent tourmenter ton esprit malheureux.

Je ne connais que trop bien ce que tu endures…
Cette lame laissera d'éternelles blessures…
Mais le temps te permettra d'accepter son choix,
Et ta tristesse peu à peu s'atténuera…

Jour après jour la douleur se fera plus douce,
Le long de tes mots confiés à la lune rousse…
Oui, tu oublieras tous les mauvais souvenirs,
Seul restera gravé dans ton cœur son sourire.

Vos bonheurs partagés seront tes seuls joyaux,
Tu les conserveras à l'abri, bien au chaud…
Et lorsque son visage refera surface,
Tu seras heureuse de retrouver sa trace.

Crois-moi, ma belle, la brûlure guérira !
Tu connaîtras encore l'amitié et ses joies,
Tu revivras ces instants de complicité,
Tu renoueras ce lien qui te fait exister…

Mon ami, mon reflet
A Alexandre

Nos chemins se sont croisés sur la toile,
Au détour d'un site dédié à notre étoile.
Je cherchais quelqu'un pour partager ma passion,
Et lire ton premier message fut une belle émotion…

Au fil des mots j'ai appris à te découvrir,
Jour après jour notre complicité n'a fait que grandir,
Nos confessions mutuelles m'ont laissé entrevoir
Que tu étais tel mon reflet dans un miroir.

Notre ressemblance m'étonne chaque jour davantage,
Notre besoin vital de noircir des pages,
Notre amour de la musique et de ses auteurs,
Notre envie de vérité, d'amitié et de bonheur.

Désormais tu es pour moi un merveilleux confident,
Celui à qui je peux dire tout ce que je ressens,
Celui qui me comprend même à demi-mots,
Celui qui soulage ma peine quand j'ai le cœur gros.

Je suis heureuse de t'avoir rencontré : mon ami, mon reflet…
Sans toi je ne sais pas ce que je ferais,
Tu me donnes envie de croire encore à l'amitié,
Tu me donnes tout simplement le sentiment d'exister…

Alors merci à toi, mon ami, mon reflet…

Mon ange
A Alexandre

Si longtemps déjà que j'ai croisé son chemin
Au hasard d'un message, une bouteille à la mer…
Ma vie n'était alors que rêves doux amers
Vidée, sans aucun sens, balayée de chagrins.

Je me sentais si faible et si abandonnée,
Paralysée par la peur et la solitude.
Je pliais sous le poids de mes incertitudes,
Et dans ma nuit noire il a tout illuminé.

Il a été mon île, mon ami, mon ange…
Oui, mon ange gardien aimant et rassurant.
Et malgré la distance, il répondait présent,
Lui seul savait briser mes si sombres orages.

Il a si souvent séché mes larmes secrètes,
Grâce à ses mots si chauds m'enveloppant le cœur
De rubans colorés qui chassaient les malheurs,
Arc-en-ciel irisé aux multiples facettes…

Depuis l'amour est venu frapper à ma porte,
Ce merveilleux soleil enrubanne mes jours,
Il est celui que j'attendais depuis toujours,
Il sait me rendre chaque jour un peu plus forte.

Mais mon ange gardien est toujours près de moi,
Ce petit fil doré réunit nos deux âmes,
A jamais animées par cette belle flamme
Scintillant aux reflets de nos tendres émois.

Et je sais que malgré les années assassines,
Il restera l'étoile accrochée à mes nuits.
Il veillera sur moi, mon ange, mon ami,
Jusqu'à la fin des temps née des foudres divines.

Jeune plume insoumise
A Gwendoline

Jeune plume insoumise défiant le temps,
Ses mots trop bien choisis ont su toucher la cible,
Effleurant de leur noirceur les âmes sensibles,
Figeant cette douleur qui fait tout son talent…

Jeune plume insoumise parfois capricieuse,
Elle se fait muette alors que ton cœur crie !
Il crie ses doux espoirs, il hurle ses envies,
Se prenant à rêver d'une vie délicieuse…

Jeune plume insoumise noircissant ces pages,
Comme pour marquer les jours de son sceau troublant.
Elle dépose son offrande au gré des vents,

Dans l'espoir de trouver un écho pur et sage,
Un cœur courageux qui saura l'apprivoiser
Pour écrire avec elle ses plus beaux sonnets…

Il est des rencontres…
A July

Il est des rencontres que l'on ne peut oublier… Lorsqu'au creux d'un détour, au fil des mots, ma plume a rencontré la sienne, j'ai su que je n'étais plus seule face à ces maux… non, je n'étais plus seule…

Il est des rencontres que l'on ne peut oublier… De vers en vers, j'ai appris à la connaître… j'ai appris ses blessures, ses secrets, les raisons de son mal-être. Pour moi, elle a ôté son masque et elle s'est dévoilée….

Il est des rencontres que l'on ne peut oublier…De mots en maux, je l'ai laissé dessiner les contours de mon âme, je l'ai laissé entrer au cœur de mon armure et désormais elle sait mes fêlures, elle sait mes brûlures…

Il est des rencontres que l'on ne peut oublier… De poème en poème, un véritable lien d'amitié s'est tissé entre nous. Elle est devenue une confidente, une amie fidèle sur laquelle je peux compter et je serai toujours là pour l'aider.

Il est des rencontres que l'on ne peut oublier. Et j'écris ces quelques mots pour en témoigner…

Il est des douleurs...
A July

Il est des douleurs que je voudrais effacer,
Pour voir renaître ton sourire qui s'est tu.
J'aimerais tant soigner tes blessures aiguës,
Et gommer les souffrances de ton corps blessé...

Il est des douleurs que je voudrais partager,
Pour porter avec toi une part du fardeau,
Montrer à ton cœur que le monde est encor' beau
Et que ta belle vie ne fait que commencer...

Il est des douleurs que je voudrais connaître,
Pour comprendre tes maux et pleurer tes errances.
Je saurais alors t'écrire les mots qui pansent
Et enterrer à jamais ton douloureux spectre...

Il est des douleurs que je voudrais terrasser,
Pour te libérer de ces chaînes qui t'oppressent...
Ainsi tu ne connaîtras plus cette tristesse,
Et ton âme guérie pourrait enfin briller...

Il est des douleurs que je voudrais empoigner,
Pour les mettre à mort lors d'un sombre corps à corps...
Faire taire ces voix qui te poussent aux remords
Et voir naître dans tes yeux l'espoir oublié...

Il est des douleurs que je voudrais enterrer...
J'aimerais que mes vers fassent mourir tes larmes,
Mais face à ta lourde peine, je suis sans armes
Alors je t'offre mon cœur et mon amitié...

Tout ce que j'écrirai...
A July...

Tout ce que j'écrirai ne pourra effacer toutes les souffrances que tu as endurées... Ces douleurs qui t'étreignent depuis ta plus tendre enfance... Au fil des mots que tu as osé me dévoiler, je ressentais ta peine et ton mal-être... moi, ton amie, comment ne serais-je pas touchée par cette vie que tu m'as racontée ? Tes maux cognent fort dans ma tête et dans mon cœur et lorsque je t'ai lue, j'aurais aimé être présente dans ces moments si douloureux... J'aurais aimé déjà te connaître pour essayer de sécher tes larmes... Mais le passé est ce qu'il est et je n'ai pas le pouvoir de le changer...

Le long de tes lignes, j'ai pris réellement conscience de tous les sacrifices que tu as faits... et je suis admirative face à ton courage et à ton altruisme... Tu penses toujours aux autres alors même que ces autres t'ont fait horriblement souffrir... tu as fait tout ce qui était en ton pouvoir pour éviter de faire souffrir ceux que tu aimes alors que parfois, ils n'ont pas été tendres avec toi... La vie est vraiment injuste... Ton âme est tellement belle ! Elle ne mérite pas tous les malheurs qui l'ont accablée et qui entourent encore tes pensées... J'aimerais avoir le pouvoir de te faire oublier toutes ces blessures mais je ne peux qu'essayer de les panser...

A la lecture de tes mots, un sentiment de colère m'envahit parfois... Comment ceux qui se prétendaient être tes amis ont-ils pu se comporter de la sorte ? Leur attitude m'écœure et m'indigne... Eux n'ont jamais souffert alors qu'ils ont laissé ton cœur et ton corps bafoués.... J'espère qu'un jour, ils connaîtront à leur tour des moments difficiles et qu'ils regretteront tout ce mal que tu endures encore aujourd'hui.... Je ne sais pas si tu as trouvé la force de leur pardonner... moi-même, je ne sais pas si j'en serais capable... L'amour et l'amitié doivent permettre le pardon... mais certains actes restent impardonnables...

Mais tout ce que j'écrirai ne pourra faire mourir ce désespoir qui te ronge... je n'ai pourtant que ma plume pour tenter d'adoucir tes heures où résonnent l'absence et la douleur... Je ne peux pas changer ton sombre passé mais je peux essayer de rendre ton présent moins triste et solitaire... Sache que je suis là mon amie, je serai toujours là pour écouter ta peine et te tenir la main dans les méandres de la mélancolie... Même si cette distance nous sépare, mes pensées restent avec toi.... Ma porte sera toujours ouverte pour toi... Mais je sais que bientôt tu retrouveras la lumière et que ton âme rayonnera de bonheur... tu verras... le soleil reviendra illuminer ton chemin...

La reine au clair obscur
A July...

Telle que reine blessée se cachant pour pleurer,
Elle laisse enfin couler ses larmes désœuvrées
Qui perlent sur son front en une sombre couronne,
Ce joyau infécond que rien ne désarçonne.

Ses yeux noirs et obscurs reflètent la beauté
De son cœur tendre et pur empli d'humilité.
Au fond de ses iris, coule cette tristesse
Maudite qui s'immisce au creux de ses faiblesses.

Ses mains n'osent plus croire en un monde meilleur,
Un monde fait d'espoirs, sans malheurs et sans heurts.
Ses doigts si fragiles n'espèrent plus toucher
Les ailes graciles d'un amour magnifié.

Son âme torturée recherche la lumière,
Cette chaleur dorée, si douce et éphémère…
Cette lueur saurait redessiner sa vie
Et faire fuir le jais qui assomme ses nuits.

Son cœur désespéré se sent seul et trahi
Par sa belle moitié qui pourtant est partie…
Cet homme incohérent qui a préféré fuir,
Et quitter ses draps blancs sans cesser de mentir…

Au creux du clair obscur, elle cherche son chemin,
Combattant les maux durs peuplant ses froids matins…
Reine des anges noirs où règne la pénombre,
Elle lutte sans espoir d'échapper à ses ombres…

Grâce à ses mots
Préface pour July

Au hasard de la toile, j'ai croisé ses mots… Ses mots qui n'en étaient qu'à leurs balbutiements mais qui savaient déjà être forts et profonds des mots souvent lourds de sens, des mots toujours très sincères, des mots qui venaient de son cœur si fragile. Grâce à ses mots, j'ai peu à peu découvert sa vie, son histoire, ses brûlures, ses blessures… Des douleurs si terribles qu'elles resteront à jamais gravées au plus profond de son être…

Grâce à ses mots, j'ai trouvé en July une véritable amie, une âme belle et pure que l'on ne peut oublier. Au fil du temps et des vers, elle s'est peu à peu dévoilée, tout en pudeur et générosité… Tantôt remplie de colère et de haine, tantôt submergée par la tristesse et les larmes acides. Mais malgré ses tourments, elle a su tendre la main à mon pauvre cœur esseulé et perdu… elle a su m'offrir son amitié, cette amitié qui m'a aidé à ne pas plonger dans les ténèbres …

Grâce à ses mots, elle a su esquisser ses sentiments, ses peurs, ses regrets et ses cassures. Elle a su transformer ses fêlures en une force inébranlable. Un espoir auquel elle n'a jamais cessé de croire. Un espoir qui n'a jamais quitté sa plume. Malgré les épreuves, elle a toujours cru en cette petite étoile, en cette étincelle scintillant dans le ciel et qui, de là-haut, veille sur elle…

Grâce à ses mots, elle a su devenir une vraie femme. Elle a accepté toutes ces choses qu'elle ne pourra jamais changer, toutes ces souffrances qui ont fait d'elle ce qu'elle est aujourd'hui. Ses poèmes lui ont donné le courage d'avancer, de trouver le chemin de la sérénité. En dépit de son passé douloureux, l'écriture lui a permis de trouver la paix. La paix de son âme et de son corps.

Grâce à ses mots, vous vous sentirez comme transformés, touchés en plein cœur par la sincérité, le style épuré de ces pages… Ses pages noircies à l'encre de ses pleurs… Ses larmes douces amères qui inondaient ses joues sous le regard de la lune mystérieuse… Vous ne pourrez rester insensibles au périple de cette jeune poétesse qui ne désire qu'une seule chose : être comprise et aimée telle qu'elle est…

J'aurais voulu…
A July…

Si j'avais le pouvoir d'effacer ce soir là,
De remonter le temps pour souffler la seconde
Où son corps se brisa sous le coup de l'immonde,
Transpercé par ce dard si violent et si froid.

J'aurais voulu sauver son âme de l'enfer
Où l'a plongé celui qui était son ami…
Le couteau reste là, planté dans l'insomnie
Qui règne sur ses nuits aux rêves trop amers.

Si j'avais eu le don de suspendre le flot
Incessant de ces jours qui s'écoulent sans fin,
Sa vie aurait suivi un tout autre chemin,
Elle aurait échappé à bon nombre de maux…

J'aurais voulu savoir comment la protéger,
La sauver des griffes de ce sombre démon,
Qui a tâché de noir son destin furibond
A tout jamais brisé lors de ce soir d'été…

A la lueur des mots...
A July...

A la lueur des mots, j'aperçois sa souffrance,
Son cœur écorché vif hurlant désespérance...
Elle tisse maux à maux le chemin de l'espoir,
Grâce aux vers dépressifs qui la tirent du noir...

A la lueur des mots, j'entends ses sombres pleurs,
Ces gouttes de cristal figées au creux de ses heures,
Ces instants menthe à l'eau où le mal vous saisit
De son souffle glacial, incolore et impie.

A la lueur des mots, je sais son lourd silence,
Ces cris enfermés là, aux confins des absences.
Cet ignoble couteau planté dans son cœur pur
Emprisonne sa voix, rongée par la blessure.

A la lueur des mots, je sens cette détresse,
Son appel au secours écrit sans maladresses,
Pour poser le fardeau de ces années impures,
Sans joie et sans amour, parsemées de ratures.

A la lueur des mots, je vois sa guérison,
Le renouveau printemps aux douces floraisons...
Le bonheur coule à flots sur ses perles de vie,
Ces nuages naissant à la liqueur d'envie...

Aujourd'hui, mon ami...
A Jean-Marc

Aujourd'hui, mon ami, est un jour important !
Il marque ta venue dans notre vaste monde,
L'heure, l'instant précis et même la seconde,
Où tu fus la plus grande joie de tes parents.

Aujourd'hui, mon ami, est un jour symbolique...
Une journée qui doit se consacrer à toi,
Qui doit t'apporter beaucoup d'amour et de joie,
Afin que sa célébration demeure unique...

Aujourd'hui, mon ami, est un jour très heureux :
La vie t'offre une nouvelle année pour rêver,
Pour rencontrer l'amour et ne plus le quitter,
Pour savourer ses délices simples et précieux...

Aujourd'hui, mon ami, est un jour si nouveau !
Il t'ouvre les portes du bonheur à venir,
Il invite ta plume à ne jamais mourir,
Et lui montre la voie d'un Eden indigo...

Aujourd'hui, mon ami, est un jour qui me touche...
C'est l'anniversaire de ma plume jumelle,
Celle qui me comprend, me guide et m'interpelle,
Celle qui sait écrire ces mots qui font mouche...

Aujourd'hui, mon ami, est un jour merveilleux !
Que cette journée soit belle et douce pour toi !
Mes tendres pensées accompagneront tes pas
Le long de ces heures aux accents gais et soyeux...

Le frère que j'ai choisi
A Jean-Marc

Il est mon ami, le frère que j'ai choisi…
Il connaît désormais tous les maux de ma vie,
Mon cœur douloureux ne lui cache vraiment rien,
Il a su lui avouer tourments et chagrins…

Il est mon ami, le frère que j'ai choisi…
Nos plumes solitaires se sont réunies
Au fil de ces vers nés de nos si lourdes larmes,
Quand la douleur nous mord, quand le passé désarme…

Il est mon ami, le frère que j'ai choisi…
Il sait adoucir ma froide mélancolie,
Lui écrire fait naître un rayon de soleil
Et je me surprends encore à croire aux merveilles…

Il est mon ami, le frère que j'ai choisi…
Il aperçoit son âme au creux de mes écrits,
Et je ressens les siens au plus profond de moi,
Ses maux trouvent écho en mon cœur qui se noie.

Il est mon ami, le frère que j'ai choisi…
Je me sens plus forte lorsque je pense à lui,
Il ne me juge pas, il comprend tous mes choix,
Il est cette étoile qui sait guider mes pas…

Il est mon ami, le frère que j'ai choisi…
Je suis si fière de ce lien qui nous unit !
J'ose espérer qu'il en sera toujours ainsi…
J'ose espérer qu'il sait qu'il éclaire ma vie…

Ne vois-tu point, ami ?
A Jean-Marc

Ne vois-tu point, ami, que j'ai besoin de toi ?
L'étau se resserre un peu plus à chaque pas,
Et ces larmes de sang déversent leur acide
Sur mon cœur malheureux qui lentement s'oxyde.

Ne vois-tu point, ami, que je me meurs sans toi ?
Ne me reste que l'écho volant en éclats
De ces maux si puissants empoisonnant mes rêves,
Laissant mon âme exsangue au creux de cette grève.

Ne vois-tu point, ami, que je cherche ta voix ?
Mais ces vers se heurtent à ce silence si froid…
Mon amant le vide cristallise mon corps,
Le guidant doucement vers sa lugubre mort.

Ne vois-tu point, ami, que je compte les heures ?
Tous ces instants maudits où ton absence pleure…
Le temps coule toujours mais il paraît bien terne,
Sans toi je ne vis plus, et mon cœur lourd hiberne.

Ne vois-tu point, ami, que je souffre en silence ?
Ces mots sur le papier crient pourtant l'évidence…
Mais comment pourrais-tu me tendre cette main
Alors que je fais tout pour masquer mon chagrin…

Ne vois-tu point, ami, que j'attends ton retour ?
Ma plume asphyxiée voudrait revoir le jour…
Mais le manque s'entête et brise mes espoirs :
Je reste assise là, seule avec ma mémoire.

Crois-moi, ami…
A Jean-Marc…

Crois-moi, ami, tu trouveras l'amour…
Il viendra enluminer tes longs jours,
Dessinant sur ton cœur un soleil pur,
Si pur que ton ciel deviendra azur…

Crois-moi, ami, tu rencontreras celle…
Celle qui fera naître l'étincelle,
Celle qui saura voir au fond de toi
La beauté de ton âme et de tes bras.

Crois-moi, ami, tu croiseras ses yeux…
Son regard amoureux teinté d'aveux,
Ces mots silencieux que le corps fait vivre,
Cette chaleur qui te fera revivre…

Crois-moi, ami, tu ne seras plus seul…
Tu oublieras tous tes pâles linceuls,
Ton destin sera relié au sien,
Vous marcherez sur le même chemin.

Crois-moi, ami, ce jour arrivera…
Tu connaîtras enfin ce tendre émoi,
Ce sentiment puissant, fort et sublime
Qui t'éloignera des sombres abîmes.

Crois-moi, ami, tu trouveras l'amour…
Il transcendera ton passé trop lourd,
Tu toucheras du doigt le vrai bonheur,
Laissant ton cœur goûter à la douceur…

Le joueur d'échecs
A Thierry

Assis face à son adversaire, il réfléchit,
Il peaufine avec soin sa fine stratégie.
Et malgré tout le sommeil qui lui a manqué,
Il n'a qu'une idée en tête : pouvoir gagner.

Ses yeux sont parfois lourds mais ils restent ouverts,
Guettant le moindre faux pas de son adversaire...
Chaque coup joué a de lourdes conséquences
Sur sa future victoire ou sa déchéance.

Son esprit en ébullition cherche la voie,
Le chemin qui le guidera jusqu'à ce roi...
Ce roi qu'il faut à tout prix conduire à l'échec
Pour gagner la partie et recevoir un chèque !

Mais il sent que tous ses efforts resteront vains,
Ce soir les autres joueurs sont bien trop malins...
A contre cœur il cède, acceptant sa défaite,
Sachant qu'il aura d'autres victoires parfaites !

Vaincu, il part, sans avoir dit son dernier mot,
Il sait qu'il retentera sa chance bientôt...
Arrivé chez lui, il peut enfin s'endormir
Et oublier celle qui l'a tant fait souffrir...

Ne dis rien, ami...
A Thierry...

Ne dis rien, ami, je sais tout de ta souffrance,
Je connais ta douleur et ses sombres errances...
Mon cœur aussi s'est brisé sous ce coup glacial,
Il a déjà goûté au teint froid du métal.

Le temps a passé mais tout reste si présent :
Son regard, son sourire, et ses mots assassins.
Qu'ils soient dits ou écrits, ils ont sonné la fin,
La fin de ce doux rêve où vous étiez amants.

Ne dis rien, ami, je sais ta profonde peine,
Ce poison qui désormais glisse dans tes veines.
Tes larmes ont coulé et couleront encore,
Leur goût salé te hantera jusqu'à la mort...

Tous les espoirs se sont brisés en un instant,
Ils restent là, figés, au creux de ta mémoire,
Recouvrant le tombeau de cet amour ivoire
Qui ne connaîtra pas la joie du firmament.

Ne dis rien, ami, je sais tout de tes silences,
Ces maux que tu tais sous le sceau de l'absence,
Ces mots que tu écris à l'encre de tes pleurs,
Auxquels tu t'accroches avec tant de ferveur...

Cette blessure sera gravée pour toujours
Dans ton cœur qui apprendra à vivre avec elle.
Tes sentiments enfouis deviendront immortels
Et traceront les lignes d'un nouvel amour....

Ces mots là...
A Steph...

Ces mots là, je ne les attendais plus... Le lien s'était coupé dans les méandres du silence, résigné à succomber aux morsures des absences. Et mon âme pleurait ce vide laissé par cette amitié brisée qui jadis me comblait. Les jours ont coulé lentement, lentement... Doucement j'ai appris à vivre sans elle. Doucement j'ai appris à accepter. Accepter le mal qu'elle m'avait fait. Accepter ses paroles qui m'avaient tant blessée.

Puis le hasard me fit croiser de nouveau son chemin. Je reçus quelques mots au détour d'un matin. Elle ne m'avait pas oubliée... Non, elle ne m'avait pas oubliée... Elle me fit un très beau cadeau... Au fil de ses lignes, elle se dévoila entièrement : ses regrets, sa peine, ses pensées pour moi, sa culpabilité aussi... Au creux de ses mots, mon cœur s'enveloppa de douceur et d'apaisement. J'avais enfin les réponses à mes questions incessantes...

Enfin je savais que je n'avais pas été la seule à souffrir. En quelques secondes, le pardon vint submerger mon être... Face à ses aveux, ses mots que je n'attendais plus, je ne pouvais pas rester de marbre. Je la remercie d'avoir été si sincère avec moi et d'avoir trouvé le courage de se mettre à nue devant moi... Désormais, je peux lui pardonner ces jours de tristesse, ces larmes muettes, ces écrits silencieux où criait son absence.

Oui, je peux lui pardonner ces heures de souffrance mais je ne pourrai jamais oublier. Oublier la lame qu'elle a plantée dans mon cœur. Elle est toujours là, malgré le temps qui passe, malgré le velours du pardon enveloppant le vieil acier glacial. Il est trop tard... Je ne saurai plus être son amie, je ne suis plus la même, elle a dû changer aussi... Rien ne pourra renouer ce lien qui unissait nos vies.

Oui, il est trop tard. J'ai déjà trop souffert, je me suis si souvent brûlé les ailes à toujours espérer... Je n'ai plus la force de souffler sur les braises ternies de notre amitié. J'ai trop peur de voir mon cœur encore brisé... Mais à présent, je pourrai vivre et avancer en paix... Je sais que quelque part, quelqu'un pense à moi tout bas. Je sais qu'elle restera au creux de ma mémoire, tel un ange déchu qui veillera sur moi...

Un nouvel espoir

Un nouvel espoir se dessine à l'horizon…
Ce lien que je croyais coupé est toujours là.
Aura-t-il la force de défier la raison ?
De renaître au son de nos deux lointaines voix ?

Pourtant la cicatrice a laissé bien des traces
En mon âme blessée qui crachait son chagrin,
Poignardée en son sein par la lame de glace,
Implacable métal qui brisa mes demain.

Puis les jours ont glissé à leur lente cadence,
Emportant avec eux colère et amertume.
Les perles salées ont enfin cessé leur danse,
Laissant place à ces mots esquissés par ma plume…

Et voilà qu'aujourd'hui nos chemins se recroisent !
Au fil de ses lignes le lien semble renaître…
Mais mon cœur peut-il croire à ses si douces phrases
Sans risquer de nouveau le froid du métal traître ?

Oui, j'ose enfin croire en cette seconde chance
Que nous offre la vie de renouer ce lien…
Est-ce le début de la fin de nos errances ?
Seul le temps scellera à jamais nos destins.

❦❧❦❧❦❧❦❧❦❧❦❧❦❧

Chapitre V

Le bonheur absolu

Les mots d'amour

❦❧❦❧❦❧❦❧❦❧❦❧❦❧

Premier regard II

Tellement de lunes noires se sont levées
Avant de croiser le chemin de son regard…
Ses deux yeux enchanteurs ont éclairé mon phare,
En touchant en plein cœur mon âme désœuvrée…

Ils ont su découvrir mon être tout entier,
Au travers de mes maux, au travers de mes vers…
Ils ont lu mes pensées, mes espoirs éphémères,
Ces secrets bien gardés au creux des voix figées…

Son regard amoureux m'a fait quitter la Terre,
Je flotte désormais au gré des vents heureux,
Portée par le souffle d'or de cet amour bleu,
Ce sentiment puissant qui me rend si légère…

Dans ses deux yeux j'ai vu la simple vérité,
La pureté d'un cœur fidèle et généreux,
La beauté d'un amour si fier et courageux,
La promesse de vivre une histoire sacrée…

Viens...

Viens au creux de mes mots qui ont su te toucher,
Promets-moi que tu liras toujours mes poèmes,
Ces vers impudiques où je t'ai dévoilé
Le plus profond de mon âme parfois si blême...

Viens au creux de mes rêves les plus merveilleux,
Sous la voûte étoilée, nous serons si heureux...
Peau contre peau, nous effleurerons l'éternel,
Sous le regard charmé de la lune irréelle...

Viens au creux de mes pensées si longtemps cachées,
Je te donnerai la clef de ma vieille armure...
Tu sauras tout de moi et de mes lourds secrets,
Tu seras l'ange qui soignera mes blessures...

Viens au creux de mes nuits m'apporter ta lumière,
Ta voix effacera tous mes soirs solitaires...
Tout contre toi, je me sentirai si sereine,
Affranchie du carcan de ces si lourdes peines.

Viens au creux de mon corps qui dort depuis toujours,
Tes tendres caresses sauront le réveiller...
Tes douces mains seront si fortes mon amour,
Elles cueilleront ce fruit que nul n'avait trouvé...

Viens au creux de mon cœur qui n'attendait que toi
Pour oublier son pénible chemin de croix...
Grâce à toi, il connaîtra enfin le bonheur,
Il renaîtra sous le flot de tes mots douceur...

Tous les mots resteront vains…

Tous les mots resteront vains mon amour,
Pour te dire ce que ressent mon cœur…
Ma plume pâlit face au nouveau jour,
Elle tremble en effleurant ce bonheur…

Tous les mots resteront vains mon amour,
Pour t'écrire mes tendres sentiments…
Les rimes sont si fades à présent
Pour dessiner tes trop lointains contours…

Tous les mots resteront vains mon amour,
Pour te parler de toutes mes pensées…
Les encore, les jamais, les toujours
Ne resteront que de pâles reflets…

Tous les mots resteront vains mon amour,
Pour tracer les lignes de mes désirs…
Et pourtant je suis bien en train d'écrire
Ces vers médiocres que je veux velours…

Tous les mots resteront vains mon amour,
Pour maîtriser ce feu qui brûle en moi…
Toutes ces envies assaillant ma tour
Attisent mes sens qui luisent d'émoi…

Tous les mots resteront vains mon amour,
Pour esquisser mes rêves lumineux…
Ces instants d'or que nous vivrons à deux
Où tu découvriras mes doux atours…

Pirate de cœur – Episode I : La rencontre
Duo avec Thierry

J'ai accosté il y a bien longtemps
Sur des rives où ne règne que l'océan.
Désormais je suis vieux, et mon corps fatigué
Ne supporte plus de voir un bateau tanguer.

Je me souviens encore de cette époque lointaine,
Je me préparais à devenir une grande souveraine...
Quand je vous ai rencontré, mon pirate au cœur tendre,
J'ai lu dans vos yeux que vous sauriez me surprendre...

Tout ce qu'était ma vie avant de vous voir :
Haine, Torture, Désordre, Prison, Désespoir...
J'étais la Terreur incarnée sur les flots...
Mon pavillon rouge et noir, aux sangs des Maux...

Mais je savais qu'au plus profond de votre être,
Dormaient des sentiments que je voulais connaître...
Toute cette violence et tous ces pâles crimes,
Furent impuissants à vous entraîner au fond de l'abîme...

Il y avait un rêve, un espoir,
Auquel je ne voulais plus croire,
Un songe d'une nuit d'été où ma colère
Est allée chercher votre imprudente galère.

Je me suis laissé guider par ce rêve insoumis,
Et je vous ai ouvert les portes de mon âme meurtrie...
J'ai laissé couler l'amour le long de nos veines,
Dans vos bras, j'ai oublié toutes mes peines...

À l'horizon, votre silhouette lointaine, inconnue,
Navire si peu semblable à celui de ce doux rêve
Et ne voulant y croire, mes ordres s'élèvent,
Mes hommes s'affairent pour ce combat impromptu.

Je me suis laissé emporter par la force de votre amour,
Décidant de plonger ma vie vers ce nouveau jour...
Vous êtes devenu le maître de nos douces nuits,
Et sans vous mon cœur agoniserait sans bruit...

Je t'offre...

Je t'offre mes mots drapés de velours,
Eux seuls sauront te dire mon amour...
Ce sentiment rend ma vie délicieuse,
Grâce à toi je revis... je suis heureuse...

Je t'offre mes poèmes les plus beaux,
Eux seuls pourront esquisser mes je t'aime...
Grâce au son de ta voix, j'oublie mes maux,
Ma plume découvre ce nouveau thème...

Je t'offre mon corps nu et maladroit
Pour qu'il connaisse enfin ce tendre émoi...
Guidé par tes mains douces et aimantes,
Tu feras de moi la plus belle amante...

Je t'offre mon cœur pur et amoureux
Pour l'unir à jamais à ton destin...
Enlacés au creux de ce rêve bleu,
Nous vivrons tous deux un bonheur sans fin...

Je t'offre mon âme frêle et sincère,
Que ton amour rend plus forte et plus fière...
A travers tes yeux, elle rayonne enfin
Prête à vivre avec toi tous les demain...

Pardonne-moi...

Pardonne-moi pour tous ces mots doux que je tais...
Ils sont au creux de mon cœur sans pouvoir bouger,
Alors que je voudrais les dire, les crier !
Mais quoi que je fasse, ils restent là, muets...

Pardonne-moi pour ce silence si têtu...
Mais les mots restent enfouis tant ils sont émus.
Seule ma plume parvient à capter leur flux,
Ce flot d'amour que je n'avais jamais connu.

Pardonne-moi de ne pas être encore prête...
Mais ces peurs centenaires m'assaillent et s'entêtent...
Au fond de leurs murmures, sévit la tempête,
Et le son de ta voix sera mon seul prophète...

Pardonne-moi de ne pas briser mon armure...
Mais elle seule a su me protéger des blessures...
Même si tu as su franchir cette clôture,
Une partie de moi redoute les brûlures...

Pardonne-moi de n'être qu'une poétesse...
Seuls mes vers sauront te faire cette promesse :
Je te couvrirai d'or et de mille caresses,
Tu deviendras mon roi, mon amour, mon altesse...

Ecris-moi...

Ecris-moi, mon amour, écris-moi que tu m'aimes...
Nos cœurs à l'unisson ne sont qu'un seul et même...
Au fil de tes mots, l'armure se brisera,
Et pliera sous le poids de tes vers dits tout bas.

Ecris-moi, mon amour, écris-moi tes secrets...
Au creux de mes rimes ils seront bien gardés...
Du fond de l'abîme je te tendrai la main,
Pour te faire voir mon royaume de satin...

Ecris-moi, mon amour, écris-moi tes faiblesses...
Elles mourront aux pieds de notre forteresse...
Je te redonnerai le souffle du courage,
Ensemble nous serons plus forts que ces mirages...

Ecris-moi, mon amour, écris-moi tes douleurs...
Elles disparaîtront sous le flot de mes pleurs...
Mes caresses vaincront tes glaciales souffrances,
Elles tueront ce vent qui te pousse à l'errance...

Ecris-moi, mon amour, écris-moi tes envies...
Ces désirs enfouis qui accompagnent tes nuits...
Je te rejoindrai dans tes rêves les plus fous,
Pour goûter avec toi à ces instants si doux...

Ecris-moi, mon amour, écris-moi que tu m'aimes...
Nos deux plumes seront notre plus bel emblème...
Elles graveront à jamais nos mots d'amour,
Pour que notre histoire survive au temps qui court...

Pirate de cœur – Episode II : La fusion
Duo avec Thierry

Alors que le ciel brillait sur l'étendue bleue,
Nos deux navires étaient prêts à faire feu.
Quand une inspiration soudaine me fit renoncer
À déchaîner mon orage de colère, sans pitié.

A partir de cet instant, j'ai su que vous étiez celui
Qui deviendrait le seigneur de mes jours et de mes nuits…
Je vous ai confié les froides clefs de ma destinée,
Et c'est avec bonheur que nous nous sommes mariés…

Je vous ai vue sur le pont, mon cœur battait à fond,
J'ai donné l'ordre de tout arrêter sur le champ.
Nous avons accosté pour construire un camp,
Et nous nous sommes embrasés dans un baiser profond.

Notre première nuit fut si douce et si sauvage…
Elle restera gravée en moi jusqu'à la fin des temps…
Ces instants velours où nos corps devinrent amants,
Furent la première de toutes nos belles pages…

Nous avons fusionné en ce soir de pleine lune,
Où il m'a plu de dévorer vos yeux saveur de prune…
Et l'océan qui sur mes pas était toujours en colère,
Pour la première fois, je le vis docile et tout fier.

Nos corps et nos âmes furent ainsi unis à jamais,
Et notre vie ne fut qu'un merveilleux rêve éveillé…
Le temps sur notre amour n'avait aucune emprise,
Et nous ne connûmes aucun instant de traîtrise.

La paix s'est installée sur nos étendues sauvages.
Et encore aujourd'hui, il n'y a point de rivages…
Nos corps libérèrent des esprits qui voyagent encore,
N'ayant plus retrouvé la solitude de leurs anciens ports.

Nous voguèrent ensemble sur les immenses flots bleus,
Nous plongeant chaque soir dans l'abîme de nos yeux,
Nos cœurs battant le rythme des heures à l'unisson,
Décomptant les secondes de notre si puissante fusion…

Protège-moi...

Protège-moi de ce gouffre béant et froid
Qui s'entrouvre parfois quand les forces me fuient.
Aide-moi à combattre ces peurs ennemies
Qui m'enchaînent encore à ces maux d'autrefois.

Protège-moi de ce vaste monde cruel,
Dans le creux de tes bras, rien de pourra m'atteindre.
Tu trouveras les gestes qui sauront éteindre
Cet enfer où dansent mes démons irréels.

Protège-moi de ce passé si douloureux,
Il sait si bien raviver les vieilles blessures...
Elles sont toujours là malgré le temps usure
Et font encor' couler le sang de mes aveux.

Protège-moi de cette vile solitude...
Elle guette, à l'affût de la moindre faiblesse,
L'instant moribond de sa fatale caresse,
Où mon cœur brisé se noiera dans l'inquiétude.

Protège-moi de cette absence qui me tue,
Ces heures obstinées où le silence sonne...
Aide-moi à vivre ces mots qui résonnent
Et faire taire à jamais mes espoirs déchus...

J'ai ouvert

J'ai ouvert les portes du royaume des sens,
Laissant couler sur moi les torrents de l'amour.
Ils viennent m'inonder de sa douce présence
Et de ce miel exquis fluidifiant ces longs jours.

J'ai ouvert les portes de ma si vieille armure,
Il a trouvé la clef que je croyais perdue...
Désormais il berce mon cœur de ses murmures,
Il est mon avenir, il est mon ange nu...

J'ai ouvert les portes de mon âme esseulée,
Il connaît les secrets qu'elle gardait enfouis...
Ses yeux amoureux ont su lire mes pensées
Et inonder de fleurs ma misérable vie...

J'ai ouvert les portes du jardin de l'amour,
Mon corps est enivré par ses douces saveurs,
Ses suaves odeurs font renaître le jour
Au creux de mes heures qui n'étaient que douleur.

J'ai ouvert les portes de mon cœur si secret,
Il sait lire en lui comme dans un livre ouvert...
Il a fait fuir ce noir que je croyais ancré
En m'offrant ses pensées au fil de ses doux vers.

J'ai ouvert les portes de l'antre des désirs...
Ses mains sont le brasier attisant notre feu,
Son amour est l'emblème de nos fiers soupirs,
Ses bras seront l'écrin d'un chemin lumineux...

Mon cœur est trop heureux...

Mon cœur est trop heureux, il déborde d'amour...
Et chaque jour qui passe est un rêve éveillé...
Face à ce grand bonheur, ma plume intimidée
Demeure posée là, attendant son retour.

Mon cœur est trop heureux, il déborde de lumière...
Le soleil de l'amour est venu le parer
De ses fines gouttes d'or au goût si sucré...
Grâce à ce doux joyau, il se sent fort et fier.

Mon cœur est trop heureux, il déborde d'envies...
Ces désirs insensés qui réveillent les corps,
Ceux qui font aimer la vie et craindre la mort...
Ils habitent mon être sans aucun répit.

Mon cœur est trop heureux, il déborde de joie...
Il est submergé par ses vagues de douceur,
Ces flots de la passion qui dévorent mes peurs,
Et me font goûter à cet océan d'émois...

Mon cœur est trop heureux, il déborde de rêves...
Ces songes bleutés où il bat à l'unisson
Avec celui qui a compris mes émotions,
Et trouvé la force de me chérir sans trêve...

Mon cœur est trop heureux, il déborde d'amour...
Ce sentiment puissant qui inonde ma vie,
Et me fait découvrir les plaisirs de la nuit
Dans le creux de ses bras où chantent les toujours...

Pirate de cœur – Episode III : L'amour épanoui
Duo avec Thierry

Les années passèrent lentement sous nos caresses,
Tellement le bonheur nous a noyé de son ivresse...
Nous ne vîmes rien que ces lumières,
Celles au fond des yeux des âmes altières...

Les jours passèrent tels de longs fleuves tranquilles,
Blottie dans le creux de vos bras si forts et si agiles...
Mon cœur ivre de bonheur ne touchait plus terre,
Vous lui fîtes oublier ses blessures les plus amères...

Plongés dans les parfums sublimes de nos îles,
Nous parcourûmes ensemble l'étendue de notre passion.
Main dans la main de l'amer, noyé à des milles
Nageons, nageons, vers tous ces intrépides horizons.

Nous vîmes tant de si belles contrées sauvages,
Tant d'hommes et de femmes si différents de nous,
Vivant au creux des plus merveilleux rivages,
Savourant l'immensité de la Nature, ce splendide bijou

Que je vous ai offert, et que vous portiez à votre cou...
Ma nature austère s'est effacée petit à petit,
Dans nos bras le monde vît l'amour, ce splendide cri,
Capable de mettre toute haine à genoux, le vrai, le fou !

Les éclats de cette osmose faisaient pâlir les océans,
Jaloux qu'ils étaient de voir resplendir nos soleils...
Sans l'ombre d'un nuage, notre ciel était merveille,
Berçant au creux de ses ailes notre étoile au firmament....

Ce ciel nous a guidés, aujourd'hui nous sommes ensemble.
Nos douleurs et nos joies partagées, nous sommes vieux
Et fatigués, mais le vieil homme et la mer ressemblent
Toujours à l'éternité de notre échange si savoureux...

Nos yeux usés sont le témoin de nos douces aventures,
Tous les chemins que nous avons croisés un jour
Seront autant de gravures dans notre si bel azur,
Et malgré la mort, nos cœurs s'aimeront toujours...

Les mots me manquent…

Les mots me manquent mon amour
Pour t'écrire combien je t'aime…
Ma plume est devenue indemne
Grâce à tes baisers de velours.

Les mots me manquent mon amour
Pour esquisser mes sentiments…
Nul vers ne sera assez grand
Pour colorier ce nouveau jour…

Les mots me manquent mon amour
Pour dompter ces douces rivières,
Ces vagues limpides et fières
Assiégeant ma lointaine tour.

Les mots me manquent mon amour
Pour tracer ton charmant visage
Et noircir nos plus belles pages,
Le long des rives de l'Adour.

Les mots me manquent mon amour
Pour dessiner tes formes pleines,
Tes mains qui me rendent sereine
En caressant ma peau glamour.

Les mots me manquent mon amour
Pour crier ce bonheur naissant,
Ce torrent de cœur si puissant
Qui nous unira pour toujours…

Non je ne t'aime pas...

Non je ne t'aime pas... ces mots sont dérisoires,
Ils enferment mon cœur dans ce coffre illusoire...
Ils ne reflètent pas la force de ce lien,
Cet amour infini unissant nos deux seins.

Non je ne t'aime pas... ces mots sont désuets,
Ils couvrent de pâleur nos deux corps embrasés...
Rien ne saurait dire cette mer de caresses,
Tes mains posées sur moi avec tant de tendresse.

Non je ne t'aime pas... ces mots sont surannés,
Depuis la nuit des temps, ils sont tant répétés...
Murmurés au hasard par des âmes impures,
Confiés au gré des vents, redevenant injures...

Non je ne t'aime pas... ces mots sont imparfaits,
Ils ne sauraient dessiner cet instant parfait
Où nos deux cœurs ont signé ce pacte amoureux,
Se jurant de s'aimer sous la voûte des cieux.

Non je ne t'aime pas... ces mots sont incomplets...
Ils ne pourraient montrer la tendre immensité
De mon âme qui donnerait sa vie pour toi,
De mon corps qui sera toujours dans tes bras.

Non je ne t'aime pas... ces mots sont indignes,
Indignes de nos cœurs naviguant tels un cygne
Sur le lac lumineux de notre grand amour,
Où les lueurs de l'aube effleurent nos atours...

L'instant effleuré

Quand l'instant effleuré vient se pencher sur nous,
Le temps reste figé sur nos corps à genoux.
La danse de tes mains vient embraser mes seins
Qui résistent en vain à ton appel divin.

Ma peau devient de feu sous tes baisers osés,
Et mes sens amoureux se laissent emporter
Vers ce charmant rivage entouré de caresses,
Où je tourne la page entachée de tristesse.

Tes lèvres parfumées effleurent mon visage,
Attisant le brasier pour trouver le passage,
La fente volcanique échancrée de plaisir
Par ce jeu érotique excitant mes désirs...

Tes bras forts et puissants me tiennent contre toi,
Nous tangons doucement au rythme de ton roi...
Mes lèvres assoiffées se lovent dans ton cou
Et mes mains démasquées épousent ton corps fou...

Ton beau torse musclé enlace ma poitrine,
Et ton dos si cambré lentement se devine...
Mes hanches te suivent, inondées par l'envie
De goûter à l'eau vive abreuvant notre lit...

Tes allées et venues se font encore plus denses,
Entraînant nos corps nus dans cette exquise transe...
Tendrement enlacés, nous rejoignons le ciel
Pour boire une gorgée de ce doux hydromel...

Epouser ta nature
Duo avec Thierry

Ce matin il faisait lourd sur la Provence…
C'est pourtant le cœur léger que je suis allé courir
Sur les collines, pour divaguer avec tant de plaisir !
Ce pays est si beau quand j'y repense…

Oui, mon amour, ce pays est merveilleux :
Bercé par les douces vagues lumineuses,
Il éclaire nos cœurs de ses teintes rieuses
Succombant aux charmes de ce Sud amoureux…

Vivre au milieu de tous ces lieux est une chance,
Un rêve où le ciel majestueux viendrait s'ouvrir
Sur ces arbres et sur ces fleurs pour nous faire saisir
Les différentes senteurs qui s'élancent.

Je suis heureuse mon amour de te voir découvrir
Ces terres d'ocre parsemées de lavande,
Ce mistral enivrant soufflant en sarabandes
Les secrets que les Dieux veulent bien nous offrir…

Il y a tant de papillons qui dansent,
Il y a tant de couleurs dans ces forêts pour écrire
Tous les mots d'amour que j'oublierai de te dire
Pendant que ma bouche s'offre à toi, divine récompense…

Que j'aime te savoir heureux ici mon amour…
Au milieu de l'azur nos âmes s'entremêlent,
Et se laissent bercer par la tendre ritournelle
Des cigales célébrant notre bonheur au grand jour…

Je n'avais jamais connu tant de volupté et d'impatience,
C'est toi et toute ta contrée qui se mettent à sourire
Dans mes bras enlacées si bien que je n'ai plus à choisir :
Un jour viendra, tu recevras de mes mains une alliance.

Aux confins étoilés de ce vide serein

Aux confins étoilés de ce vide serein,
Mon âme exténuée crache son lourd chagrin.
Mes larmes acides oxydent mes doux rêves,
Et mon teint livide est tranchant comme un glaive.

Mes mains cherchent toujours ses caresses perdues,
Ces beaux instants velours où l'amour est têtu…
Mais elles ne trouvent rien et se heurtent au vide,
Cet ennemi malsain jouant son jeu perfide.

Mes yeux cherchent les siens, ce regard si troublant
Qui transperce mon sein et fait bouillir mon sang…
Seule l'absence résonne et ternit mes jours,
Quand ma peau frisonne en attendant son retour.

Ce silence obstiné brise ma volonté,
Et mon cœur épuisé voudrait trouver la paix,
Rejoindre son corps pur qui sait me rendre heureuse,
En colorant l'azur de couleurs merveilleuses.

Nos tendres souvenirs me hantent sans pitié,
Nos voix, nos sourires, nos deux corps enlacés…
Nos étreintes sacrées peuplent toutes mes nuits,
Et viennent me narguer, lentement et sans bruit.

J'étouffe à petit feu, loin de ses bras puissants,
Si forts et amoureux, qui me rassuraient tant.
Ce manque me ronge et s'insinue doucement
Jusque dans mes songes qui me tuent à pas lents…

Aux confins étoilés de ce vide serein,
Mon âme exténuée crache son lourd chagrin…

Le gardien

Gardien de mes larmes quand l'absence m'enchaîne,
Ce manque qui désarme empoisonne mes veines.
Et ce vide absolu envahit tout mon être,
Jetant vers l'inconnu mes désirs les plus traîtres.

Gardien de mes rêves quand la nuit se dessine,
Elle m'enlace sans trêve effaçant les épines
De ce présent si dur assoiffant mes espoirs,
Ces légers murmures succombant dans le noir.

Gardien de mes lourds maux quand la plume renaît
Pour esquisser ces mots que lui seul connaît.
Au fil de tous ces vers je tisse notre amour,
Même au creux de l'hiver, ils chaufferont mes jours.

Gardien de mes désirs quand l'envie se devine,
Quand mon corps veut sentir ses douces mains divines
Caresser mes deux seins et aiguiser mes sens,
Marchant sur le chemin de la grande jouissance.

Gardien de mes heures qui s'égrènent sans bruit
Si loin de sa chaleur et de nos tendres nuits…
Les minutes roulent inexorablement,
Le temps toujours s'écoule en attendant son chant.

Gardien de mes 'je t'aime' enveloppant mes songes,
Je l'attendrai même si le vide me ronge…
Malgré la solitude endeuillant mes espoirs,
Dans la multitude, il sera mon seul miroir…

Tu oublieras

Dans le creux de mes bras, tu oublieras tes peines,
Tous ces instants ingrats et ces larmes si vaines.
L'océan de tes pleurs deviendra souvenir,
Et ces pâles heures pourront enfin mourir...

Dans le creux de mes bras, tu oublieras tes blessures,
Ces coups tellement froids qui sont pourtant brûlures.
Les plaies de ton passé s'estomperont bientôt,
Tu renaîtras lavé de tous tes sombres maux.

Dans le creux de mes bras, tu oublieras tes abysses,
Ces gouffres trop étroits offrant un précipice
A ton âme esseulée perdue dans la pénombre,
Cherchant, désespérée, une lueur dans l'ombre.

Dans le creux de mes bras, tu oublieras tes souffrances,
La chaleur de ma voix fera fuir tes errances...
Je saurai te guérir de ces douleurs passées,
Tu verras l'avenir aux couleurs irisées.

Dans le creux de mes bras, tu oublieras tes chaînes
Te suivant pas à pas sur le chemin des haines.
Ta sombre amertume s'envolera bien loin,
Le poids de l'enclume disparaîtra enfin...

Dans le creux de mes bras, tu oublieras tes mots,
Ces mots de désarroi noyés dans un sanglot...
A l'ombre des baisers, je prendrai soin de toi,
Mes caresses sucrées te montreront la voie...

Dans le creux de mes bras, tu oublieras...

Ô mon amour

Ô mon amour si tu savais…
Combien de jours je t'ai cherché,
Combien de pleurs j'ai dû verser
Pour voir ton cœur enfin m'aimer…

Ô mon amour si tu savais…
Combien de tours j'ai attaqué,
Combien de temps j'ai espéré
Sentir tes vents me caresser…

Ô mon amour si tu savais…
Combien de lourds secrets cachés,
Combien de vers désespérés
Dans mon enfer cadenassé…

Ô mon amour si tu savais…
Combien de courts instants figés,
Combien de fois j'en ai rêvé
Tout contre toi être enlacée…

Ô mon amour si tu savais…
Combien de jours bleus et glacés,
Combien de cris juste étouffés
Dans cette nuit qui m'étreignait…

Ô mon amour si tu savais…
Combien de tours ont résisté,
Combien d'espoirs désenchantés
Pour entrevoir ta destinée…

Ô mon amour si tu savais…
Combien de lourds échecs ancrés,
Combien de vœux inexaucés
Avant l'aveu inespéré…

Ô mon amour si tu savais…

Et même si

Et même si les vents s'allient contre ma voix,
Si les pires tourments viennent tuer ma foi,
Si les murs de silence emprisonnent mon âme,
Si le sceau de l'absence anéantit ma flamme,
Je t'aimerai…

Et même si les mers déferlent sur mon corps,
Si les rochers amers détruisent mes trésors,
Si la brise assassine enveloppe mes rêves,
Si la houle marine m'enterre et m'achève,
Je t'aimerai…

Et même si les Dieux se moquent de ma vie,
Si à leurs sombres yeux je ne suis qu'une impie,
S'ils tentent de changer le cours de mon destin,
S'ils veulent se venger grâce à leurs jeux mesquins,
Je t'aimerai…

Et même si les pluies ruissellent sur mes jours,
Si l'immense ciel gris ternit mes mots d'amour,
Si la foudre divine écartèle mon cœur,
Si la loi angevine a condamné mes pleurs,
Je t'aimerai…

Et même si les rois révoquent tes richesses,
S'ils réprouvent tes choix et jugent tes faiblesses,
S'ils bannissent les tiens de la cité radieuse,
S'ils maudissent tes mains d'une oraison haineuse,
Je t'aimerai…

Et même si le temps joue contre notre amour,
Si les heures passant vieillissent nos atours,
Si ce lourd sablier égrène ses secondes,
Si nos corps oubliés quittent ce monde immonde,
Je t'aimerai…

Remerciements

Je voudrais simplement remercier toutes les personnes qui ont fait de moi celle que je suis aujourd'hui….

Ma famille : ma mère, mon père et ma sœur pour leur amour et leur soutien sans faille.

Mon amour, l'homme qui a trouvé le chemin de mon cœur et qui avance avec moi sur ce chemin depuis plus de huit ans maintenant…. Je l'aime si fort…

Tous les amis poètes que j'ai croisés au hasard de la toile. Ils m'ont aidé à avancer et à y croire dans les moments les plus sombres. Même si certains ont disparu du chemin, ils ont été une main tendue que je ne pourrai oublier…

Une pensée particulière pour Magali, Alexandre, July et Jean-Marc. Merci d'avoir été là pour écouter mes confidences. Merci d'être toujours là après toutes ces années.

Merci aux lectrices et aux lecteurs de ce recueil qui, je l'espère, apprécieront ces textes écrits avec le cœur.

Enfin, je voudrais remercier de toute mon âme l'écriture. C'est elle qui m'a sauvée et qui m'a construite, tout au long de ce chemin. Grâce à elle, j'ai rencontré l'amour de ma vie, mais aussi des personnes formidables qui sont devenus mes ami(e)s, essentielles à ma vie et à mon équilibre. J'espère continuer encore longtemps sur ce chemin à leurs côtés.

Oui, l'écriture m'a sauvée ! Alors, si vous aussi vous ressentez le besoin de vous exprimer, n'hésitez pas… Il suffit de laisser couler l'encre sur le papier…

Encore merci à tous…

Je vous embrasse.

Marielle.

Printed in Germany
by Amazon Distribution
GmbH, Leipzig